谨以此书
献给逝去的曼德拉

MANDELA：BIOGRAPHY

曼德拉传
不可征服的灵魂

MANDELA：BIOGRAPHY

曼德拉传

不可征服的灵魂

郑文阳　　/著
郝火炬

新世界出版社
NEW WORLD PRESS

图书在版编目（CIP）数据

曼德拉传：不可征服的灵魂/郑文阳，郝火炬著.
—北京：新世界出版社，2014.1（2017.2重印）
ISBN 978-7-5104-4750-1

Ⅰ.①曼… Ⅱ.①郑…②郝… Ⅲ.①曼德拉，N.（1918~2013）—传记 Ⅳ.①K834.787=5

中国版本图书馆CIP数据核字（2013）第301820号

曼德拉传：不可征服的灵魂

作　　者：	郑文阳　郝火炬
责任编辑：	邓　婧
责任印制：	李一鸣　黄厚清
出版发行：	新世界出版社
社　　址：	北京市西城区百万庄大街24号 (100037)
发 行 部：	（010）6899 5968　（010）6899 8705　（传真）
总 编 室：	（010）6899 5424　（010）6832 6679　（传真）

http://www.nwp.cn
http://www.nwp.com.cn
版权部电话：+8610 6899 6306
版权部电子信箱：nwpcd@sina.com

印　　刷：	三河市航远印刷有限公司
经　　销：	新华书店
开　　本：	787×1092　1/16
字　　数：	320千字
印　　张：	19.75
版　　次：	2014年1月第1版　2017年2月第3次印刷
书　　号：	ISBN 978-7-5104-4750-1
定　　价：	39.80元

版权所有　侵权必究

凡购本社图书，如有缺页、倒页、脱页等印装错误，可随时退换。
客服电话：（010）6899 8638

序一 Preface

不可征服的灵魂

> 遭受命运的重重打击,
> 我满头鲜血,却头颅昂起。
> 感谢万能的上苍,
> 赐我不可征服的灵魂。
>
> ——(英)威廉·亨利

随着法官重重地敲下那一锤,无数南非黑人渴望平等与自由的心碎了。曼德拉永远记得1964年6月的那一天,无期徒刑的宣判瞬间将他打入人间地狱。

罗本岛,那是一座与世隔绝的小岛,冬天狂风呼啸,海浪翻滚;夏天酷暑难耐,日夜蒸熏,素有"死亡岛"之称。它最初被英国人用来流放麻风病人,但自从荷兰裔白人接手这里以后,就成了流放所有当局"看不顺眼"的犯人的绝佳场所。虽然只距离开普敦西北方向7英里,但来到岛内监狱的人,却可能一生一世都再也无法到达近在咫尺的非洲大陆。

002 曼德拉传：不可征服的灵魂
Mandela: Biography

  从监狱两根生锈的铁栅栏中间望出去，是黑沉沉的夜。曼德拉知道，那些人就是想消磨掉他的意志，直到自己如其他犯人那般，干枯在这间狭窄而闷热的斗室，再也扛不动旗帜，再也发不出呐喊。这便是那些把自己关在这里的白人的期望。他们越是高高在上，越是惧怕反抗！越是充满优越，越是体现出他们的懦弱胆怯！想到这，他内心所坚持的信念越发坚定，他咧嘴一笑，洁白的牙齿折射出不屈的、希望的光芒。

  凉风卷起几点雨丝飘进来，他往前凑了凑，贪婪地吮吸着来自外面的清新气息，这气息带着自由的芳香。风雨渐渐大了起来，他不得不往旁边挪了挪满是伤痕的身体，昏黄的灯光在他漆黑的皮肤上一晃一晃，也把他带入对往昔的追忆……

  曼德拉出生于南非一个部落酋长的家庭，注定要成为一个带领众人前进的酋长领袖，并将部落英雄们勇敢的意志传承下去。然而种族歧视和白人殖民统治，让他无奈地生活在这个种族隔离制度下的黑暗时代，父亲早亡后，无数磨难接踵而至，他的快乐童年被命运掐断，一个酋长之子沦为了孤儿。

  饥饿、贫穷与落魄也长时间与他做伴。在游走非洲黑人社会的所见所闻中，他成了一个初具抗争意识的青年。在无数的压迫与抗争后，在思想与现实的激烈碰撞下，他收获了巨大的精神财富，成长为不屈的民主斗士。

  1944年，他参加争取黑人与白人享有平等权益的组织"非洲人国民大会"。1961年，他参与组建"非国大"军事组织——"民族之矛"，被任命为总司令，赢得了无数南非黑人的尊敬和爱戴。但在1962年，他却因政府认定的"煽动罪"和"非法出国"被当局判刑5年，在狱中又被加上一条"阴谋暴力推翻政府"的罪过而改判了无期徒刑，他也很可能面临更重的死刑，当局很多人想以此一劳永逸地解决他，最后，他仅被押送至罗本岛监狱永久服刑……

  漫长而孤寂的岁月在这所坐落于"死亡岛"的监狱中流淌得格外缓慢。

直到20世纪80年代初，随着津巴布韦的解放，南非的周边国家才全部独立。然而，南非白人政府仍像一只被逼入绝境的疯狗，不仅公然违抗联合国通过的解决纳米比亚问题最权威的435号决议，还在国内加强各种种族立法，镇压黑人解放运动。

但是，人类寻求美好、公平、自由的车轮必将埋葬一切腐朽和黑暗，世界已经不再允许南非当局乱来，流亡国外的"非洲人国民大会"宣布1980年为"行动年"，并庆祝《自由宪章》发表25周年。同时，在南非国内，掀起了一场要求释放曼德拉的群众运动。另外，世界各国也开始对南非当局进行谴责，要求释放包括曼德拉在内的所有政治犯。

1990年，南非当局迫于世界和国内各界的压力，终于将曼德拉释放。

曼德拉终于走出了围困自己27年之久的高墙，看到了久违的阳光，闻到了久违的新鲜空气与自由的芳香。这时，他的黑人同胞们开始呼喊"把白人赶入大海"，然而，27年的牢狱之痛让他明白了：只有爱和宽容才能化解仇恨，复仇只会加剧流血冲突，只会把自己的国家和人民带入更大的灾难，带入战争，应该是自己站出来发出一些声音的时候了。

"当我走出囚室迈向通往自由的大门时，我已经清楚，自己若不能把痛苦与怨恨留在身后，那么其实我仍在狱中。"在那些对立情绪一触即燃的日子中，在黑人同胞们怒吼着要复仇的日子里，他用宽恕去化解所有仇恨，他的冷静与包容感动了世界！

"把长矛扔进大海，"曼德拉满含深情地说，"让黑人和白人成为兄弟，南非才能繁荣和发展！"

1994年4月，"非国大"在南非首次不分种族的大选中获胜，身为领导者的曼德拉成为南非第一位黑人总统。在总统就职仪式上，世界政要云集南非，曾是全球知名"囚犯"的曼德拉，宣誓就任南非总统。在这一天，曼德拉给全世界上了一课，演绎了什么叫作"文明的宽恕"。

在受邀参加典礼的宾客之中，有三个人的心里惴惴不安：

格雷戈里，曼德拉坐牢期间的狱警；彼得·博塔，镇压黑人最为残酷的前南非白人总统；珀西·犹他，1963年审判时力主将曼德拉判死刑的检察官。

  曼德拉不仅邀请曾迫害自己的人来参加就职典礼，而且当着他们的面，向全世界做出了承诺："让所有人得享正义，让所有人得享和平，让所有人得享工作、面包、水和盐分。"这让每个人都明白，每个人的身体、思想和灵魂都获得了解放，从属于自己。这片美丽的土地永远、永远、永远不会再经历对人的压迫，以及遭受全球唾弃的屈辱。

  曼德拉作为一名"革命者"，为结束南非种族斗争而作出的贡献是有目共睹的，但以宽恕促进种族和解，带领南非和平转型，才是曼德拉最伟大的成就。

  27年的监狱时光不但证明了他有一颗不可征服的灵魂，更让他懂得了放下仇恨。在他之前，还从来没有谁的宽容能让人如此感动。从中年到暮年，曼德拉在监狱中度过了27年的时光。27年的监狱时光，让曾经急躁的曼德拉变得谦卑温和，也让他真正理解自由、宽恕的含义。正如南非大主教、诺贝尔和平奖得主图图所说，曼德拉是象征和解与和平的全球偶像。

  曼德拉以宽厚的胸怀、坚强的信念、高超的政治艺术，促成了有着三百年仇恨的黑白种族的和解，实现了历史性大跨越。

  曼德拉用行动废除了南非的种族隔离制度，用情感化解了黑人与白人之间的仇怨。罡风从未吹散自由，冷雨也从未浇灭热爱，曼德拉用全部的赤忱与热血燃烧了自己一生的苦痛与孤寂，终于迎来了他梦想的光辉岁月。这光辉不仅照耀着他，更照耀着南非，并终将永远照耀着世界。

序二 Preface

自由、平等与宽恕
——有一种精神叫曼德拉

> 生命中伟大的光辉不在于永不坠落,而在于坠落后能再度升起!
>
> ——曼德拉

2013年12月5日,世纪伟人曼德拉永远地离开了这个世界。刹那间整个世界都沉浸在悲痛和哀悼中……

曼德拉无疑是我们这个时代最伟大的政治家,他的影响力早已不再局限于非洲,而遍及全世界。他身上流淌的人性光辉让世界为之感动!联合国将他的生日定为"国际性纪念日",每逢他的生日,全球许多地方的人们都会自发组织,为他庆生,这在世界史上是少有前例的。

环视全球政治家,罕有人像曼德拉一样,能赢得不同种族、不同宗教、不同国家的人们的一致赞誉。论经历,他不是唯一一个曾受牢狱之灾的政客;论权力,比他执政国土大、比他掌权时间长、比他拥有更绝对权威的人物更不在少数。曼德拉为什么能赢得世界人民如此的尊敬和爱戴?

原因其实只有一点，那就是曼德拉毕生所追求的理想及其斗争实践，与人类普遍追求的价值观相契合，那就是自由、平等与宽恕！在这一意义上，曼德拉已成为一种普世的价值符号，一种人类理想的精神象征。

出生于南非特兰斯凯一个大酋长家庭、受过良好教育的曼德拉，没有像他的祖辈那样，肆意享受着豪华、至尊的生活，毅然走上了推翻南非种族隔离制度的斗争之路。尤其是在27年的牢狱岁月里，他每天拖着疲乏的身躯，干着繁重的工作，却还要忍受狱警的斥骂和污辱。这一切，都是为了他心中那一束不灭的理想之光：为了人类的自由与平等。

这是一条充满艰险的荆棘之途，虽然会流血、坐牢和牺牲，曼德拉却仍义无反顾地朝前走去，"以一个战士的名义投身于民族解放事业"。

曼德拉成长、斗争和领导的南非，位居于非洲大陆最南端，毗邻好望角，拥有重要的战略地位。在结束种族隔离制度之后，南非逐步发展成为非洲最大的经济强国，并成为区域乃至全球具有举足轻重影响力的国家之一。

然而，在历史上，它曾一度是世界上种族歧视、压迫最猖獗的国家，南非黑人被束缚在不见天日的牢笼里苦苦挣扎。苦不堪言的黑暗生活，迫使他们不断奋起反抗，积极开展反种族歧视和种族隔离的斗争。

从1909年英国议会颁布了《南非联邦法案》区别对待白人和黑人开始，臭名昭著的"种族隔离制度"就不断地蔓延和加深，一系列的种族歧视政策不断出台，南非黑人被限制了土地，被剥夺了权利和自由。

1944年，怀抱民族解放理想的曼德拉，参加了争取黑人与白人享有平等权益的组织"非洲人国民大会"，他的斗争精神和勇于牺牲的品格，赢得了无数非洲人的尊敬。1961年，他参与组建了"非国大"军事组织——"民族之矛"，并担任总司令。

在曼德拉的领导下，南非这片热土上掀起了反对种族歧视的风暴，但却很快引起少数坚持种族歧视的白人统治者的极大仇视。他们视曼德拉为眼中钉，欲拔之而后快，于是，便动用手中掌握的权力武器，对曼德拉等一批为平等自由而战的斗士，进行了血腥的镇压。

1962年，曼德拉因"煽动罪"被当局判刑5年。在狱中，他又被加上一条"阴谋暴力推翻政府"罪，被改判为无期徒刑。然而，早已做好了为平等自由而献身准备的曼德拉，对于狱中残酷的迫害和折磨，非但没有屈服，没有被摧毁，反而更加坚定了自己的信念，即反对种族主义，建立一个平等、自由的新南非。

在漫长而孤独的囚禁岁月里，曼德拉对民主与自由有了更多深刻的思考。他将审讯法庭变成了揭露种族隔离制度罪恶和唤醒广大民众的讲坛。"我已经把我的一生奉献给了非洲人民的斗争，我为反对白人种族统治进行斗争，我也为反对黑人专制而斗争。我希望为这一理想而活着，并去实现它。但如果需要的话，我也准备为它献出生命。"这些掷地有声的铿锵之词，引起了法庭内外很多人的共鸣。

1964年，南非政府以"煽动暴力罪"起诉曼德拉，由于曼德拉组织武装斗争证据确凿，法官宣布其有罪，但也顶住压力未判其死刑。有一次庭审之前，法官突然撂挑子不干了，却跑过去与曼德拉握手，说："我鄙视我所做的事情，我不想把你送到监狱里去。"曼德拉为理想而奋斗的品格，使法官也受到了感化。

是的，他的光辉不仅照亮了反动、腐朽的法庭、监狱，更照亮了整个南非大地，照亮了全球各个角落。多少人为他的理想和事迹感动，多少人自觉聚集到他的旗帜下。

曼德拉的伟大，在于他无论处于何种境遇下，始终高举平等、自由的理想旗帜。为此，他遭受27年的牢狱之苦，但他的意志从未泯灭。在狱中，他不能为去世的老母亲和儿子送行，更无法照顾妻儿。他在狱中坚持锻炼，每天早上5点就开始锻炼身体，并坚持学习，函授攻读伦敦大学法学硕士学位的课程。他还组织各种形式的狱内斗争，指挥狱外的斗争。

在狱中，南非当局多次派人与他谈判，尽管他很渴望自由，但他始终把人民的自由和原则摆在至高无上的位置。从1985年年底开始到1990年年初，他在监狱里与政府进行了4年之久的谈判。他识破了南非国家安全局精心策划的阴谋诡计，拒绝了博塔总统等提出的种种谈判方案。

在长达两年的制宪谈判中，由于受到种族、部族、政党及各社会阶层的矛盾与利益的干扰，曾出现暴力冲突，但曼德拉总是克制自己，没有使冲突升级。他以宽阔的胸怀对待自己的对手，坚持认为：斗争哲学不应该是排他的，不应该只代表黑人利益，应有容纳他人的度量，包括白人。

曼德拉之所以伟大，并不在于他是否带了一些人闹了革命，推翻了所谓白人的统治，而是为了南非全体人民乃至全人类的自由与平等而作出的不懈努力。

曼德拉的理想光芒和自我牺牲的奋斗精神，终于震撼了全世界，1981年，1万余名法国人联名向南非驻法使馆发出请愿书，要求释放曼德拉；1982年，全球53个国家的2000名市长又为曼德拉的获释而签名请愿；1983年，英国78名议员发表联合声明，50多个城市市长在伦敦盛装游行，要求英国首相向南非施加压力，恢复曼德拉自由。

1990年2月11日，南非当局在国内外舆论的巨大压力之下，被迫释放了曼德拉。虽然无情的岁月已染白了曼德拉的双鬓，27年的牢狱生涯使曾经矫健的曼德拉，变成了步履蹒跚的老人，但他的脊梁始终是挺直的，头颅一直高昂着。1990年3月，曼德拉被任命为南非"非国大"副主席，并在1991年7月当选为主席。

勇敢的自由斗士，不会因为自己获得了自由，而忘记了身边以及世界上那些仍然失去自由、遭受歧视的人。曼德拉仍继续为建立一个更公平、更正义的世界，而呐喊、而奔波、而奋斗。他有强大的耐心，讲究策略和艺术，仅仅为了说服因卡自由党加入南非民主大选进程，就费尽了周折。终于，曼德拉、德克勒克和布特莱齐重新坐到了一起，为南非不分种族的大选铺平了道路。

曾经受尽白人统治者迫害的曼德拉，在争取平等自由的理想旗帜下，摒弃了狭隘的复仇和血腥的战斗。

曼德拉说："我原谅那些将我投进监狱的人，这个国家需要前进而不是倒退。"他不但以大山一般坚定的意志，击溃了种族隔离制度，更用大海一般无比的宽容，化解了可能出现的种族报复和厮斗。正因如此，在南非这块长久以来充满着歧视、仇杀的土地上，得以春风化雨，种族歧视在宽容、和解中被消除，肤色不同的人得以真正平等相处。

1994年4月，曼德拉和他的国家胜利了；在这一年，南非种族隔离制度被彻底推翻。曼德拉领导下的"非国大"，在南非首次不分种族的大选中获胜，他成为南非第一位黑人总统。在总统就职仪式上，他把当初曾经看守他的3名狱警请到了现场。在全世界的目光注视下，曼德拉真诚地向3个曾经折磨他的人深深地鞠了一躬，此举顿时使全世界都为之震撼了。

担任总统后的曼德拉，还力排众议，不计前嫌地重用了一批白人当政时期的要员，如南非最后一位白人总统德克勒克成了南非的副总统；前南非军队总指挥官乔治·梅林仍保有原职；而前司法部长，曾经囚禁过他的科比，则担任了参议院主席。曼德拉以他的博大胸怀，在南非构建出了一个和解的环境与社会。

在曼德拉总统任期届满时,他表示坚决不再连任,"该让新人接下这副担子了。"这种不迷恋权位的淡泊,正是他作为伟人的光辉品格的自然流露。以他在南非国内外的威望和影响力,是完全有资格连任总统一职的,然而,他却选择了急流勇退。

2013年12月5日,曼德拉离开了他热爱的南非,以及南非的人民。他走了,但他的理想和精神却在人民的心中永存,即便是在物欲横流的今天,他坚定的理想和耀眼的人性光芒,也鼓舞着更多的人继续为平等自由而奋斗,这或许就是人类追求平等、自由,追求宽容、和谐的本性吧。

如今,曼德拉的名字已是平等自由的象征,他不仅是反对种族隔离斗争的旗帜,更是世界各地人民为平等自由而斗争的精神领袖。曼德拉改写了一个时代的历史,逝者已去,相信他所坚持的理想和信念仍是这个时代、这个世界最需要吹响的嘹亮号角。

曼德拉语录
Quotations

不屈的斗士，坚定的语录

1. 我要永远为自由而战斗，直到我的生命结束的那一天。

2. 生命中伟大的光辉不在于永不坠落，而在于坠落后能再度升起！

3. 所谓圣人，就是不断努力尝试改进自我，并且成功了的前"罪人"。

4. 我懂得了，勇气不是没有恐惧，而是战胜恐惧。勇者不是感觉不到害怕的人，而是克服自身恐惧的人。

5. 自由是看不见摸不着的，我的人民任何一个人身上戴着枷锁就等于所有人身上都戴着枷锁，而我的人民身上都戴着枷锁也就等于我的身上也戴着枷锁。

6. 有许多黑暗的时刻，人道主义信仰一时经受了痛苦的考验，但是，我将不会也不可能会向悲观低头。向悲观低头就意味着失败和死亡。

7. 对任何一个自由团体的镇压就是对所有自由团体的镇压。

8. 我反复提醒大家，解放斗争并不是一种反对任何一个团体或种族的战斗，而是反对一种压迫制度的斗争。

9. 人类的错误总是离不开战争，而且其代价通常是昂贵的。正是由于我们知道要发生这样的悲剧，我们作出武装斗争的决定时才显得那么慎重和无奈。

10. 我按照甘地的模式看待非暴力。不能把非暴力看作是一种神圣不可违背的原则，而应当把它看作一种根据形势需要而使用的战略战术。

11. 当一个人被拒绝相信他所相信的生活权利的时候，他就没有了别的选择，只能成为一个违法者。

12. 我绝不会屈服，并且斗争对我来说并没有结束，而是以不同的形式刚刚开始。

13. 在我过去的生活中，我已经把自己献给了非洲人民的斗争事业。我反抗了白人专制，我也反抗了黑人专制。我抱有民主和自由社会的理想，希望大家在这样的社会里和睦地生活在一起，享有平等的机会。我希望为这个理想而生活，并努力把它变为现实。如果需要，我愿意为了这个理想而牺牲自己的生命。

14. 在登上一座大山之后，你会发现还有更多的山要去攀登。

15. 精明的头脑和善良的心灵往往是个不可思议的组合。

16. 自由不仅仅意味着摆脱自身的枷锁，还意味着以一种尊重并增加他人自由的方式生活。

17. 我痛恨种族主义，不管是来自黑人或是来自白人的种族主义，在我看来，都是野蛮未开化的。

18. 我梦见，通过非洲各国领导人齐心协力共同解决非洲的种种问题，非洲实现了统一。我梦见那广袤的沙漠、茂密的森林，还有那无际的荒野。

19. 若是美国或英国在举行选举，他们不会要求来自非洲或亚洲的观察员在场。但若是我们举行选举，他们需要观察员在场。

20. 有建设美好南非的梦想，就有通向梦想的道路。善良和宽恕就是其中的两条大道。

21. 若想与敌和平共处，就要与敌并肩作战。敌亦将为友。

22. 在我的祖国，我们先当囚徒，后当总统。

23. 作为领袖，最好是在后方领导，让其他人站在前线，尤其是在庆祝胜利或好事时；但在危险时，你要站在前线。这样，人们会欣赏你的领导力。

24. 让自由来主宰一切吧。对于如此辉煌的人类成就，太阳永远不会停止照耀。

25. 当我走出囚室迈向通往自由的监狱大门时，我已经清楚，自己若不能把痛苦与怨恨留在身后，那么其实我仍在狱中。

26. 让黑人和白人成为兄弟，南非才能繁荣发展。

27. 在那漫长而孤独的岁月中，我对自己的人民获得自由的渴望变成了一种对所有人——包括白人和黑人——都获得自由的渴望。

28. 压迫者和被压迫者一样需要获得解放。夺走别人自由的人是仇恨的囚徒，他被偏见和短视的铁栅栏囚禁着。

29. 我已经演完了我的角色，现在只求默默无闻地生活。我想回到故乡的村寨，在童年时嬉戏玩耍的山坡上漫步。

目 录
Contents

序一　不可征服的灵魂 / 001

序二　自由、平等与宽恕——有一种精神叫曼德拉 / 005

曼德拉语录：不屈的斗士，坚定的语录 / 011

引子　再见，为自由和平等而生的斗士 / 001

Part 1
南非南非：黑色肌肤给他的意义

第一章　"麻烦制造者"的童年 / 003

无法选择的黑色肌肤 / 004

酋长之子，携高贵血统降生的战士 / 006

部族流放者，库努村的来客 / 009

拥有与失去，从纳尔逊到父亲的死 / 012

第二章　王宫生活 / 017

王宫，新生活开始的地方 / 018

教会和王权，对权力懵懂的认识 / 020

崇拜领袖，爱听英雄故事的少年 / 022

第三章　不安分的学生 / 025

克拉克伯里寄宿学校的独立生活 / 026

希尔特敦学院，好奇与反差 / 028

福特黑尔大学，学习与交友 / 031

梦醒校园，愿这土地上不分你我高低 / 034

退学、逃婚，飞腾的心关不住 / 037

PART 2

黄金之都：身许自由之路

第一章　只身闯约堡 / 043

"闪闪发光的石块"，罪恶的源头 / 044

贫民窟中优秀而体面的青年伙伴 / 047

律师身份，依然得不到公平 / 051

美妙的爱情，更滋润贫困者 / 054

苦难生活，点燃自由意识 / 057

第二章　一个自由战士的诞生 / 061

非洲人国民大会和青年联盟 / 062

矿工大罢工，反抗的序曲 / 065

阴云笼罩，国民党倒行逆施 / 067

引领众人，为自由而战 / 070

第三章　非洲是非洲人的 / 075

用心险恶的班图斯坦计划 / 076

反对种族隔离，自由艰难行 / 078

蔑视不公正法令运动 / 081

自由宪章，新南非宪法的雏形 / 085

家庭破碎，使命更巨 / 088

第四章　叛国罪案 / 091

反政府即"叛国"，无端的指责 / 092

妇女运动，新的力量崛起 / 097

震惊世界的沙佩维尔惨案 / 100

索布克韦"另起炉灶" / 103

阿扎尼亚泛非主义者大会的"真面目" / 105

第五章　"黑色海绿花"转入地下斗争 / 107

家庭的温情与法庭的冷酷 / 108

政府野蛮镇压，大罢工夭折 / 111

"民族之矛",反政府的利器 / 114

秘密访问非洲诸国及英国 / 117

PART 3

炼狱:关不住的灵魂

第一章 政治受审 / 125

被捕入狱,祸福天壤 / 126

第一次受审,与法庭"针锋相对" / 129

第二次审判 / 133

来自国际社会舆论的压力 / 137

冰冷的监狱,隔不断彼此炽热的爱 / 140

第二章 炼狱罗本岛 / 143

罗本岛,人间地狱 / 144

绝食行动,一次无声的反抗 / 147

笼中雄狮,利牙犹在 / 149

可以囚住躯体,但囚不住灵魂 / 152

狱中"对话",结交特殊朋友 / 154

同舟共济,与全世界起舞 / 158

第三章　希望的曙光 / 161

政府的第一次试探 / 162

索维托惨案，反抗的号角 / 164

"独立"，傀儡被推上前台 / 167

特殊囚犯，狱中的星星之火 / 169

第四章　"释放曼德拉" / 173

波尔斯摩尔监狱，与世隔绝 / 174

温妮"接触性探视" / 176

"释放曼德拉！" / 178

"给我父亲自由！" / 181

PART 4

光辉岁月：肩负振兴使命

第一章　艰难作出让步 / 187

博塔艰难作出让步 / 188

释放"政治犯" / 190

来自外部的经济制裁 / 192

德克勒克上台后的缓和措施 / 194

第二章　自由，担负和解使命 / 199

　　自由：和谈时刻已经到来 / 200

　　使命：责任与危机 / 203

　　冲突：内部矛盾与"红色阴谋" / 206

　　博弈："第三方"势力 / 209

　　患难夫妻，终成陌路 / 212

第三章　总统！总统！ / 215

　　实现和谈，问谁又能做到 / 216

　　极端主义者最后的疯狂反扑 / 220

　　1994 年 4 月 26 日，难忘的时刻 / 223

　　拥抱过去，迎接光辉岁月 / 226

第四章　权力前的谦卑 / 229

　　重任在肩，面临全新挑战 / 230

　　极右翼分子负隅顽抗 / 234

　　用宽恕埋葬仇恨的世界 / 236

　　改革，改变的力量 / 239

　　宽恕的前提是寻求真相 / 242

第五章　退出也是一种领导 / 247

　　再结良缘，安享晚年 / 248

　　功成身退，誉满全球 / 250

　　自由之路，永不停顿 / 253

目录 007

附录1　英雄赞歌／255

附录2　曼德拉大事年表／259

参考书目／269

后　记／273

引子

再见,为自由和平等而生的斗士

> 钟声响起归家的讯号,
> 在他生命里,
> 仿佛带点唏嘘,
> 黑色肌肤给他的意义,
> 是一生奉献。
> ——《光辉岁月》

有人说,人类的渺小之处在于自身的喜怒爱憎无法影响到这个世界,这个蔚蓝色的星球从不理会个人的消亡,四季更替,草木枯荣,甚至一个转身,人们就会将你遗忘。

但总有人的离去,让世界为之悲痛,让后人永远缅怀。

2013年12月5日的深夜,南非约翰内斯堡霍顿地区,95岁的伟人纳尔逊·曼德拉停止了呼吸。瞬间,整个世界都为这个老人的离去失去了色彩。

正在举行会议的联合国安理会立即中止会议，全体成员起立，默哀一分钟。

世界各国政要迅速起草哀悼词，力争在第一时间将悲痛之情传达到南非。

南非人民挤上长街，手持蜡烛，奔走哭喊，南非总统府像被拽入了黑白默片。

……

巨星陨落，精神永存

南非总统府为曼德拉举行为期12天的国葬，美国、英国、法国与南非等国家纷纷降半旗以示对他的深切缅怀。世界各种肤色的民众纷纷涌上街头，为这个苍老的民主斗士祝福与祈祷。

美国首位黑人总统奥巴马说："这些年来，我怀着十分谦卑的心情关注着他、崇拜着他。同时，他在追求公正公平梦想过程中所作出的牺牲也激励着我。他从一名囚犯到一个自由的人，从一位追求解放的斗士发展为推进和解的热心人士，从一个政党领袖到一位国家总统，致力于推进国家的民主进程和发展。他对改变这个国家乃至整个世界做出了巨大贡献，很难想象，在过去的几十年中，如果没有他，历史会变成什么样。"

美国第42任总统比尔·克林顿说："曼德拉总统在许多事上给予了我们诸多教导。其中最伟大的教导，尤其是对年轻人，或许就在于：当坏事降临到好人身上，我们仍然拥有自由和责任，决定如何应对非正义、残酷与暴力，决定它们将如何影响我们的灵魂、内心和意志。"

"一盏明灯熄灭了，"英国首相卡梅伦这样评价，"曼德拉是这个时代的英雄,一个真正的全球英雄。"

联合国秘书长潘基文也迅速表达了对曼德拉逝世的悲痛之情,他说曼德拉影响了全世界,是一位"正义的巨人",是这个时代出类拔萃的推进联合国价值观的人物。

澳大利亚总理府发出官方声明:虽然世界上不可能再出现另一位曼德拉,但他已然激发了世界各地无数人更加勇敢和诚实地生活。

尼日利亚总统向南非发出唁电,哀悼南非失去了历史上"伟大的救星"。

……

南非总统祖马当日宣布,将为曼德拉举行国葬,南非各地降半旗致哀直至葬礼完毕。

曼德拉无疑是当今世界上最具魅力与号召力的政治领袖。人们对他的敬仰、爱戴和关注,超越种族、国界、地位、年龄和信仰。南非和世界失去了一位不可替代的精神领袖,但他的信念和政治遗产将继续造福人类。

曼德拉的理想定将成真!

曼德拉,苍天也为你哭泣

2013年12月10日,还是凌晨5时,高速公路上,羊肠小道边,三三两两的市民或驱车,或步行,或奔跑,踏着清晨的清冷,奔向一个共同的目的地——约翰内斯堡FNB体育场。在这里,他们将追悼他们挚爱的"国父"——纳尔逊·曼德拉。

约翰内斯堡乌云蔽日,下起了滂沱大雨,不知是否太过悲伤,连上帝也忍不住哭泣。

100多位国家元首、政府领导人、王室成员、特使不畏风雨,赶来参加曼德拉的葬礼。

曼德拉追悼大会从全场起立唱南非国歌开始，忧伤舒缓的曲调，数万人齐声合唱，催人泪下。有的人紧闭双眼，有的人将右手紧紧贴在胸前，有的人将右手举在耳畔，所有人在国歌声中祈福曼德拉在天堂一切安好，发誓要将曼德拉的精神延续并发扬光大。

雨声越来越大，现场坠入了一场不愿醒来的梦境。音乐淙淙如流泉，空心古琴摧雨的锐响，似长练破空。金戈铁马的痕迹里，偏偏荡漾着水样的柔情。

"这是悲伤时刻，但我们南非人用歌声与舞蹈来纪念他。"南非人把对曼德拉的爱，化成了自己对生活的爱，也编成了一首首的歌谣，当他们身心疲惫，当他们走投无路，他们唱起这些歌，跳起欢快的民族舞蹈，一切的忧愁和烦恼，瞬间都会消逝得无影无踪。

曼德拉的精神和影响力如同一棵"扎根全球的大树"。联合国秘书长潘基文这样说：曼德拉的去世让南非失去了"一名英雄和一名父亲"，曼德拉取得的胜利是全人类全世界追求平等自由的胜利。

在追悼大会上，代表曼德拉亲友致辞的安德鲁·姆兰格尼是曼德拉当年的狱友。他说："曼德拉在一个本没有希望的地方创造了希望。他打败了压迫，没有用暴力，而是用理解和爱。"

中国国家主席习近平的特别代表、国家副主席李源潮在讲话中说，曼德拉是新南非的缔造者，是非洲人民的骄傲，他为非洲的民族解放、团结合作、发展进步贡献了毕生精力。他开创的事业后继有人，南非人民不断取得国家发展建设重要成就。

"赞颂一个人是很难的……赞颂一个推动了国家走向正义的历史巨人就更难了，"奥巴马说，"他不是一尊大理石雕像，他是一个有血有肉的人。"

从囚徒到总统的曼德拉的人生故事赢得了不同寻常的普世尊重。

联合国还给曼德拉一个史无前例的殊荣,以他的名字命名一个国际节日——"纳尔逊·曼德拉国际日"。

逝者已逝,生者如斯,曼德拉虽然已经离去,但是他的精神和力量却永存……

斗争就是我的生命

曼德拉的一生可谓是为自由、为理想而不断抗争的一生,他曾被当局囚禁达27年之久,但狱中的艰难与困苦并没有摧垮他,反而使他变得更坚强。他出狱后展示的自嘲式的幽默、活力以及对别人的宽恕让他成为世界上最受欢迎也是最受尊重的政治家之一,他带领南非结束种族隔离制度,走向多种族的民主制度。1993年,曼德拉被授予诺贝尔和平奖。1994年5月10日,曼德拉成为南非首位黑人总统,达到他传奇人生的高潮。1997年12月,曼德拉急流勇退,辞去南非"非国大"主席一职,并表示不再参加1999年6月的总统竞选。

曼德拉的人生是传奇的,但再传奇的人生也难逃自然规律——生老病死,谁也无法逃脱这一宿命。曼德拉曾说过:"生命中伟大的光辉不在于永不坠落,而在于坠落后能再度升起!"而南非的光辉不在于曼德拉的逝去,而在于"曼德拉式"的信念永不磨灭。

有人说,曼德拉是南非之魂,他的逝去,标志着南非的一个时代落幕了,但所有人都相信,虽然这个被称为"南非之魂"的男人停止了呼吸,追求自由、呼唤民主与平等的精神,却一直在延续。

用宽恕埋葬仇恨的世界！

从20世纪初起，这个星球上发生了太多的人间惨剧，两次世界大战的硝烟仿佛还没有散去，冷战的阴影似乎随时能再度笼罩在人们头顶，小范围的战争从未停止，无数生命因为利益、文化、种族、宗教的冲突而逝去。人类疯狂地屠杀自己的同伴，回想争斗的理由——却往往无足轻重。

曼德拉一直坚持的"和解"，于是显得尤为珍贵。或许在此刻看来，他那甚至"爱你的仇敌"的思想，是那么天真，但他提出了一种态度——追求和平，而非对立；追求对话，而非战争。

如果没有曼德拉，对世界而言，只是少了一位杰出的黑人领袖；但对南非而言，没有曼德拉，今日的南非也许不会整日为社会治安、艾滋病这样的"小"问题烦恼——因为南非会被战火点燃！

回顾历史，南非白人政府推行的种族隔离制度，已经将国内矛盾堆积到了顶点，数千万名长期被压迫歧视的黑人愤怒的火焰已无法压制，南非白人政府也必然意识到了这一点，从班图斯坦制度开始种种疯狂的政策，只是因为他们越来越感觉到了害怕。

南非政府应该庆幸，南非有曼德拉。在包括他同伴在内的黑人解放运动家主张暴力推翻政府的时候，他保持着冷静；在南非国内报复白人的呼声一浪高过一浪的时候，他仍旧对白人、黑人一视同仁。南非该有多么幸运，才能拥有这样一位改革领袖：他有坚定的理念、合理的诉求、巨大的声望，以及和解的诚意。黑人解放运动家千千万万，但是再没有谁比曼德拉更适合处于领袖的位置，也没有谁有曼德拉这样的声望和感召力。

没有曼德拉,南非将会怎样?

在耀眼的光环下,曼德拉本人却一直强调,他只是个普通人,并非"圣贤"。曼德拉在1975年写给温妮的信中说,"所谓圣人,就是不断努力尝试改进自我,并且成功的前'罪人'。"

或许正是因为曼德拉始终没有将自己置于高处,而是轻轻放平,放在与人民一样的位置,即使他后来贵为总统,也没有改变温和、乐观、亲民、幽默的作风,他无疑是一个杰出的革命领袖。

但是,并非所有在斗争时期光芒万丈的革命领袖,在转为国家管理者时都能得心应手,而曼德拉显然做到了这一点。他成功实现了三种身份的统一:入狱前,他是领导武装斗争的革命领袖;出狱后,他是宪政框架下和平竞争的政党党首;通过选举,他成为一个民主国家的总统。

当新南非的基石奠定后,曼德拉毫不眷恋手中的权力,从容地将总统一职辞去,实现了他不谋求连任的诺言。居功而不自傲,有权而不恋权,不凭借个人崇高威望而凌驾制度之上,过去的100年内,发展中国家能做到这些的政治家并不多,但曼德拉做到了。这比他将囚禁当作修炼,熬过27载炼狱生涯还要伟大。

没有曼德拉,今日的南非不会是非洲地区最富饶和强大的民主制国家,还是世界"金砖五国"之一,不会被视为未来世界的中坚力量,而会是一个陷入分裂、动荡、战乱和仇杀的国家。无论黑人还是白人,都可能会在战争中失去财产、生命、幸福,南非会被鲜血与悲伤笼罩,它的人民再没有欢笑,只有哭泣。

对南非而言，曼德拉拯救了它，将它从战争的边缘硬生生地拉了回来，他成功软化了南非白人政府，将他们拖到了谈判桌上，避免了可能出现的战争。

受到曼德拉影响的，不只南非，世界上还有许多黑人政治家——后来成为美国总统的奥巴马就是其中的代表，美国芝加哥市历史上第一位黑人市长哈罗德·华盛顿、纽约第一位黑人市长大卫·迪肯斯、美国前国务卿赖斯等。对于黑人而言，曼德拉使他们第一次产生了参与政治的勇气，他唤醒了黑人心中的火焰，令他们勇敢地参与公共事务，力图主导自己的命运，这样的影响力唯有黑人解放运动的先驱马丁·路德·金可以相比。

他使全世界范围内的黑人，第一次意识到了自己被上天赋予的、与别的种族同样的权力。

曼德拉是如此可敬，以至于南非人民给他加上了诸多的光环：南非"国父"、全体黑人的"父亲"……世界也对他做出了褒奖——除了"世界总统"的称呼以外，1993年颁发给曼德拉的诺贝尔和平奖，并且，这是诺贝尔奖开设以来争议最少的一次颁奖。

曼德拉为世界留下了什么？

现在让我们回过头来想一想，如果没有曼德拉，世界会变成什么样？——答案没有人知道。历史不允许推测，我们仅仅能知道和总结的事实是，曼德拉为世界所做的至少有以下四点：

一是他坚持统一的南非这一政治主张，团结各党派组织，求同存异，以高超的政治技巧，保持了南非统一和稳定的局面，使这一多种族的国家在短时间内逐渐走上了民主法制的轨道，这是他对南非一个划时代的贡献。

二是他一贯坚持和平谈判，而只把暴力斗争作为辅助手段。在狱内或狱外均坚持有理、有利、有节的斗争策略，最后终于取得胜利，成为第一位以和平的谈判方式取得政权的非洲黑人领袖，这是他对非洲的巨大贡献。

三是曼德拉摧毁的不是一个南非的白人政权，而是世界性的种族主义制度。这一胜利并非他一个人的胜利，也不是"非洲人国民大会"一个政党的胜利，而是平等自由理想的胜利，是人类正义的胜利，这是世纪伟人曼德拉对世界的贡献。

四是曼德拉抛弃个人恩怨，以国家和民族利益为重，反对暴力、报复，反对战争，坚持种族和解和宽容，这是人性的胜利，也是曼德拉对人性趋善的一种最高贡献。

然而，曼德拉现在永远离开了这个曾经拥有曼德拉的世界，曾经被他的信念深深影响的我们的时代。

永远的曼德拉

为什么世界人民不分种族、地域、国家、政治体制，都表达如此的悲痛和祭奠？都如此尊重这个逝去的政治巨人？我想以上论述已经揭晓了答案。

无数的人被曼德拉影响，他的影响超越了国界的限制，在全世界引发共鸣。曼德拉的思想是如此的令不同文化背景的人民感同身受，正是因为他所倡导的，是人类社会的最高美德——自由、平等、宽恕与和平。

无论是白的肤色，还是黑色、黄色、棕色，人人都有追求自由的权利——这是上天赐予人天然的权利。无论哪个国家的人民，也都有反对战争、渴望和平的权利。

闪耀人性光辉的曼德拉，已然成为人类历史永远的精神符号，一种伟大的精神象征，他的精神必将永驻在人们心中！现在，就让我们一起走进曼德拉的世界和辉煌的一生！

Part 1

南非南非：
黑色肌肤给他的意义

可否不分肤色的界线，
愿这土地里，
不分你我高低。

——《光辉岁月》

第一章
CHAPTER 1

"麻烦制造者"的童年

在曼德拉还是孩子的时候,他曾在特兰斯凯长大,也曾有过一段快乐的童年生活。然而,数世纪来,非洲这块古老的土地一直存在着种族隔离和不断的流血冲突,这在曼德拉幼小的心灵中留下了一道道创伤。

无法选择的黑色肌肤

　　在非洲大陆的最南端，坐落着一个神奇的国度——南非。它的矿物资源之丰富堪称世界第一，享有"彩虹之国"的美誉；它拥有着世界上最繁忙的海上通道，有着"西方海上生命线"之称。

　　1918年7月18日，在南非东南沿海的一个名为姆卫佐村的村庄里，一个婴儿带着号啕的哭声来到了这个南非最美丽也是最贫穷的地方，他的名字叫纳尔逊·豪利沙沙·曼德拉。

　　就在1918年，世界上发生了一件大事：惨绝人寰的第一次世界大战终于结束了，可是数百万南非人因战争引发的流感死于非命。1919年，"非洲人国民大会"派代表团参加了"巴黎和会"，代表们在会上申诉了南非人民因战争而饱受的苦难。

　　或许是与生俱来的激动情绪，这个有着黑色肌肤的胖娃娃不仅有着响彻天地的哭声，更有一股浑然天成的力量，拼命地从大人的怀抱中挣脱。当时大家只觉得，这是一个身强体壮的小家伙，没有任何人料到，他将成为"南非国父"，并引领和激励同胞们脱离种族主义统治，为建立一个自由、民主，不再有种族歧视的新南非而奋斗。

　　毕竟姆卫佐只是一个与世隔绝、贫困潦倒的小地方，数百年来生命一直平静地在这里延续着。这里是一个仿若世外桃源的美丽地方，山峦绵亘、草木葱茏，圆形茅舍星罗棋布，牧童和牧民赶着牛羊穿行其间，俨然一派祥和的田园风光，宛如《圣经》中所描绘的永恒乐土。可是，美丽的背后潜伏着种种的危机：除了贫穷，还有人口严重过剩的问题，土地也逐渐被剥夺，没有自由和民主，甚至可以说是世界上种族歧视和压迫最猖獗的地区。

在历史上，殖民主义对南非的奴役和掠夺，让这个物产资源丰富的地方成了英国和南非白人的天下。他们控制和垄断了整个南非，而南非黑人就在这种黑暗的压迫下艰难地生存和挣扎。

同样是南非子民，身份地位却有着天壤之别。白色肌肤象征着权力和尊重，黑色肌肤代表着下贱和苦难。纳尔逊·豪利沙沙·曼德拉带着黑色的肌肤来到南非，注定要受到猖獗的种族歧视和阶级剥削，正是因为这种极度的人性扭曲和命运的不平等，才让充满血性的他穷尽一生去追求自由和平等。

1909 年，英国议会颁布了《南非联邦法案》，确定由英国人和遗留在南非的荷兰殖民者后裔——布尔人联合统治南非，并规定区别对待白人和黑人。这就是臭名昭著的"种族隔离制度"的源头。

白人当政的南非当局一贯推行种族歧视政策。在 1910 年至 1923 年间，南非党的"博塔—史末资"政府在执政期间，制定了许多对非洲人有歧视和压迫性的法律。如 1913 年的《土著土地法》就严格限制了非洲人取得保留地以外土地的权利。

在 20 世纪 20 年代，南非还发生过两件耸人听闻的事。1921 年，时任南非总理的史末资派遣军队在东开普某地杀死了 163 名当地人。他们都是犹太教徒，因为拒绝迁出宿营的公用地而遭到了残酷镇压。1924 年，西南非洲某地的行政长官带领一支军队镇压了该地族人反对"狗税"的起义，最后，有200多人在这次暴力活动中丧生。

1948年，国民党上台执政，它继续煽动白人对黑人的种族仇恨，并变本加厉地推行种族隔离政策，还制定了一系列法律，如《集团住区法》《镇压共产主义条例》《通行证法》《班图人教育法》等，把种族歧视推向了南非的经济、社会和政治等各个方面。

南非黑人没有选举权，没有迁徙的自由，没有公民权，见到白人必须脱帽敬礼，如果态度不敬，就会被推下人行道，跌入阴沟。

"非洲人国民大会"曾经向英国政府提出申诉，请其介入，捍卫南非黑人的利益；此前已多次向南非政府提出过恳切的诉求，吁请当局减轻南非黑人的苦难，但结果却是让受压迫者的包袱更加沉重，南非黑人的生活苦不堪言。

黄家驹在《光辉岁月》里唱道："缤纷色彩显出的美丽，是因它没有，分开每种色彩。"彩虹总以其绚丽多彩而令世人倾倒，然而南非这个有着"彩虹之国"美誉的地方却因为殖民统治的种族隔离而失去了活力，它只剩下了两种颜色：黑与白。

酋长之子，携高贵血统降生的战士

纳尔逊·豪利沙沙·曼德拉的名字是父亲亨利·伽德拉·曼德拉为他

取的,这是一个很有趣的名字,因为在科萨语中,意为"惹麻烦的人"。当然,为人严肃的伽德拉绝对不想儿子将来真的去"惹麻烦",只因为他

班图人是非洲最大的民族,主要居住在赤道非洲和南部非洲国家

太喜欢这个活泼的儿子了,并且豪利沙沙也是科萨人常用的名字。他没有想到的是,这个名字竟真成了他儿子未来人生的写照,伴随着儿子一生的风风雨雨——命运就是如此奇妙。

这个叫豪利沙沙·曼德拉的婴儿可不简单,除了有强壮的体格,还是酋长的儿子、坦布国王的后裔,身上流淌的是坦布王族的血,是一个不折不扣的贵族后代。

南非的原住民普遍被认为是班图人的后代。班图人源于今尼日利亚与喀麦隆的交界地带。自公元1世纪起,班图人就开始了大规模的民族迁徙运动,整个过程一直持续到19世纪。

科萨人是班图人中的一支,他们在迁徙运动中一路南进,穿过大陆,在南非最南端的大鱼河地区定居下来。科萨人的社会属于父系氏族社会,他们有着很强的民族自豪感,崇尚法律、教育和礼节。因此,在这个社会里,人人都知道自己的地位以及祖先。科萨人依氏族关系形成了一个个的部落,部落成员们在酋长和部落议会的民主统治下过着自给自足的生活。然而,随着人口的繁衍和氏族的增多,被划分的部落领地也越来越多,在15世纪,

已经形成了权力相对集中的部落领地,但是这些领地还没有形成统一的国家。

坦布部落是科萨人的一支。19世纪,一位英明的大酋长——恩古本库卡,把同气连枝的坦布部落集合在一起,建立了一个统一的坦布王国。后来,英国人在南非建立了殖民政府,为了更好地控制科萨人,他们仍然承认坦布国王在他领地上的权威。

按照科萨人的古老传统,国王有三个妻子,按地位高低依次称为:大后宫、右后宫、左后宫。大后宫的后代才是王室的嫡系,如果是儿子,则有权继承坦布的王位。恩古本库卡和他的左后宫有一个叫伽德拉·曼德拉的孙子。

伽德拉·曼德拉身材高大,有一头沧桑的白发,为人正直严肃、意志坚强。因为具有王室血脉,他被坦布国王任命为一个小部落——姆卫佐部落的酋长,并兼任国王的参事。在国王与英国政府官员共同参加活动时,他总是陪伴在国王身边。

按辈分来说,伽德拉是时任坦布国王容吉里兹维的叔叔,因此他这个"皇叔"的话在坦布王庭很有分量。关于这一点,可以从下面的事件里看出端倪。

20世纪20年代,容吉里兹维早亡,留下了一个空王位和四个儿子。当时大后宫的儿子萨巴塔只有3岁,于是坦布王族的人决定在其他后宫的三个儿子中挑选一位"大酋长"暂代国王之位。

这时,伽德拉站出来,极力推荐地位相对较低的容欣塔巴继承王位。他的理由是,容欣塔巴受过最好的教育,而且容欣塔巴已经通过一直以来的表现证明了自己是一位优秀的国王辅助者。事实上,虽然伽德拉从没受过正规的教育,但他一直十分重视教育,并经常在没有受过教育的人中发表演说，以申明教育的重要性。

最后，尽管大家对容欣塔巴继承王位存有争议，但伽德拉的意见还是被坦布王室和当时的英国政府采纳了。容欣塔巴成了坦布王国的"摄政王"。

在坦布王国，伽德拉·曼德拉无疑是个很有权势的人物，随之而来的是令人羡慕的财产。他的收入有两个来源：政府的薪水，还有当地人民缴纳的牲畜防疫税和草场税中的"分成"。这是因为，他的职位不但是国王任命的，也必须得到白人政府的批准。

伽德拉管理的姆卫佐部落，位于特兰斯凯①群山中的一个河谷中。在这个宁静的小村庄旁边，蜿蜒的姆巴谢河沿着河谷缓缓流淌，自西向东一直流向印度洋。

依照传统，伽德拉娶了四个女人，她们分别是：长房、右房、左房和辅助房。在父系氏族部落中，重男轻女的思想必定根深蒂固。所以，当伽德拉已经有了三个儿子，并得知右房妻子芬妮又要生产的时候，他还是热切地盼望着再得到一个儿子，当在1918年的某一天，芬妮的茅屋里突然传来了一阵响亮的婴儿哭声时，伽德拉终于得到了梦寐以求的第四个儿子。

部族流放者，库努村的来客

伽德拉是一个有着很强自尊心的科萨人，为了追求公道与正义，百折

---

① 南非的一个行省，当时是南非最大的黑人保留地，主要居民是科萨人。

不挠。他的儿子曼德拉也继承了他这一品质。可是，这种高贵的品质放在当时的南非，其面临的命运必定是被排挤、剥夺和扼杀。

当曼德拉还身在襁褓之中时，围绕剥夺伽德拉的姆卫佐酋长职务的争论就展开了，与其说是争论，倒不如说是决断。仅仅因为一头牛，让这个酋长陷入了万劫不复之地。

作为一个酋长，伽德拉必须服从坦布国王的领导，然而也不得不接受当地英国政府官员的领导。正因为如此，部落酋长这一身份也在白人的漠视下失去了往日的尊贵，甚至就连当地人也敢挑战酋长的权威。

有一天，伽德拉领地上的一个居民丢了一头牛，居民认为这件事应由伽德拉负责，于是找到当地英国政府的官员告了他。英国长官立即给伽德拉送来一封信，要伽德拉马上去见他。

酋长的骄傲让伽德拉认为，这是坦布部族内部的事，就算他真的有错，也应该按坦布部族的方式处理，而外人——英国政府没有权力命令他做什么。特别是当英国政府表现出如此强烈的轻蔑态度时，他必须要维护坦布酋长的尊严。他拒绝了英国政府官员的召唤，并做出了这样的回复："我不去，我还将准备战斗！"

伽德拉的做法让英国政府官员非常恼火，他们觉得颜面尽失，于是对他做出了"犯上作乱"的指控。更让人气愤的是，他们甚至没有对此事进行调查，就取缔了曼德拉家族的酋长地位，剥夺了本属于他的土地和财产，切断了他的收入。

就这样，伽德拉从一个富有的部落酋长贵族突然变成了一无所有的人。

为了摆脱生活的绝境，伽德拉和他的妻子们离开了姆卫佐，各奔东西。芬妮带着她年幼的儿子曼德拉搬到了姆卫佐以北的一个小村庄——库努村。库努村是芬妮的娘家，在那里她可以得到亲戚朋友的接济。伽德拉总是轮流看望他居住在各村的妻子和孩子们，大概每个月会到库努村住上一个礼拜。

尽管曼德拉一家勉强算是衣食无忧了，但从表面上看，他们无疑是姆卫佐部族的流放者。

搬到库努村之后，芬妮和儿子开始了清贫的生活。然而，就是在这个宁静的小村落，小曼德拉度过了他一生中最快乐的一段时光。是的，童年时光总是单纯而快乐的。

库努村位于一个狭窄的山谷里。这里的居民只有数百人，住在有着锥形房顶的简陋茅草房里。村里的成年男人在一年中的大部分时间都在遥远的农场或金矿上打工，很少回家。留在村里的，多数是妇女和儿童。因为不重视教育，这里的居民很少有人能读书写字。幸运的是，这个地区竟然有两所私立小学。

芬妮在库努村拥有三座简单的茅草房，一座当卧室，一座当厨房，一座当仓库。他们睡在席子上、坐在地板上，吃的是自己耕作的粗粮，喝的是自养的牛羊下的奶，日子过得清苦而温馨。很多时候，芬妮的茅草房里总是充斥着幼童的吵闹声，这些声音来自曼德拉的表兄弟、表姐妹。

不到5岁的时候，曼德拉就开始帮助他的母亲分担一些劳动，比如照料牛羊。在放牧的时候，他在到处是岩石的草地上自由奔跑，用自制的弹弓打落天上的飞鸟，采集香甜的野生蜂蜜。他学会了挤奶、游泳和钓鱼，甚至学会了一种当地男孩都会的基本格斗技巧。在这些无拘无束的时光中，曼德拉培养了对这片土地最深沉的爱意，很多年以后，每当回想起这些时光，他仍能从中获得难言的慰藉。

每天傍晚，当曼德拉回到茅草屋，总会看到他的母亲正在厨房里做饭。如果他的父亲刚好在这里，他便要求他的父亲给他讲一些历史故事。伽德拉虽然不识字，但他从先辈的口述中获得了渊博的历史知识，特别对本部族的战争和英雄的故事如数家珍。他会给曼德拉讲一些科萨人的传奇故事和古老寓言。这些故事让曼德拉非常着迷，不但激发了他的想象力，也让他从中学到了很多做人的道理，比如，慷慨行善的人总会获得意想不到的回报。

就如曼德拉了解本族历史的方式一样，科萨人传承知识的方式是古老而落后的。事实上，科萨人很少回答孩子们天真的问题，除非他们认为有这个必要。他们总是用言传身教告诉孩子们，要通过观察、模仿和竞争来积累知识，而这些并不能满足孩子们永无止境的好奇心。所以，当曼德拉第一次进到白人家里，看到白人父母不厌其烦地解答孩子的问题时，感到非常不可思议。

库努村没有白人居住，偶有白人从村里经过，曼德拉总是用敬畏的眼光看着他们。整个童年他都没有见过几个白人，最常见到的一个是当地的行政长官，他在离库努村不远的地方经营着一个商店。

童年的曼德拉把白人看作另一个世界的人，但没有想过那个世界与自己的世界有多么大的差异。黑与白的差异，在他童年的印象里，远没有成年时的认识那样鲜明和深刻。他在自己的世界里无忧无虑地成长着。

拥有与失去，从纳尔逊到父亲的死

库努村的居民并不是清一色的科萨人，还有一支少数民族——阿马木梦古人。阿马木梦古人原本有着自己的语言,那是一种不同于科萨语的语言。他们勤劳朴实,在欧洲人的农场和企业中打工。因为与欧洲人接触得比较多,他们接受了比其他非洲人更多的教育,逐渐变成了拥有先进文明的非洲部落。他们最早信仰了基督教,最早学会了建造坚固的房子,最早学会了科学的农业生产方法。他们往往在非洲人的社会中担任警察、教师、公务员和翻译等职位。

科萨人一直对阿马木梦古人抱有一种敌对情绪,虽然双方偶尔也会发生暴力冲突,但这种敌对只是出于认识的隔阂,并没有多大的仇恨。开明的伽德拉并不认同当地人对阿马木梦古人的偏见,他还跟两个阿马木梦古人成了朋友。那两人是一对兄弟,受过西方的教育,并皈依了基督教。在他们的影响下,芬妮也加入了基督教。

相对来说,这对兄弟对曼德拉的影响最为深远。他们认为曼德拉是个非常聪明的孩子,应该到学校去接受教育,于是向伽德拉夫妇提出了建议。伽德拉原本就是一个非常看重教育的人,欣然决定让7岁的曼德拉去上小学,这在当时黑人的孩子中是十分少有的事情。

那个学校与库努村隔着一座山,只有一间带西式屋顶的房子。在曼德拉去上学的第一天,伽德拉把自己的衣服裁短,送给了儿子,这让年幼的曼德拉感到非常骄傲,因为周围的孩子只在身上围着一条毯子。

那一天,曼德拉怀着兴奋而忐忑的心情迈进了课堂。他遇到了自己人生中的第一位老师——穆丁佳妮女士。老师给每个学生起了一个英文名字,并告诉学生们,从今以后这个英文名字就是他们在学校里用的名字。

在非洲人的传统观念里,一个人有个长辈给予的名字就足够了,就如曼德拉的"豪利沙沙"。但当西方文明入侵非洲后,英国人怀着一种无可名状的优越感把他们的思想和文化灌输给了非洲人,以致非洲人慢慢接受了这一事实：接受教育的非洲人也应该有一个英文名字。

不过，对于年幼的曼德拉来说，多了一个名字倒是一件非常刺激的事。那天，穆丁佳妮女士告诉他，他的新名字叫纳尔逊。从那天起，这个来自英国一位伟大船长的名字便伴随了他一生，也许还会写在他的墓碑上——纳尔逊·豪利沙沙·曼德拉。

曼德拉享受着学习的乐趣，并通过努力很快就学会了英语，这让他成为了村里读书的"小明星"，很多黑人小孩都向他投来了羡慕的眼光。

有一天，曼德拉将家里的牛群赶进牛圈之后，突然听到摩托车的声音，这辆摩托车咆哮了很久，就是发动不起来。

"哥哥，我们过去看看！"

曼德拉边嚷嚷边跑过去了，原来是路边一个白人小孩踩踏摩托车遇到了困难。围观的孩子们悄声议论着，谁也不敢大声说话。

只有曼德拉勇敢地走向前去，用流利的英语问道："需要我帮忙吗？"

这个白人小孩用惊讶的眼光看着曼德拉，并答应让他帮忙，两个人聊得非常开心。太阳快落山的时候，白人小孩还送了一个礼物给曼德拉，打开一看原来是几个便士，曼德拉看小伙伴们如此热情地围观，于是将其分发了。

这之后，曼德拉懂得了知识和做人的重要性，但是他不明白白人小孩惊讶的表情，他更加不懂原来黑人和白人根本就是两个世界的人。

这段时间，曼德拉的生活都是充足而快乐的。可是好景不长，一个巨大的打击从天而降，却需要一个9岁孩子的肩膀来扛。

那天晚上，伽德拉突然来到了库努村，这让芬妮和曼德拉有些喜出望外，因为这并不是伽德拉平时来的时间，但他们的惊喜很快变成了担忧。伽德拉的情况看起来非常糟糕，他面色难看，身体非常虚弱。一进屋，他就躺在了席子上，既不动弹也不讲话。

几天之后，伽德拉的病情加重了，他提出要抽烟。虽然妻子极力劝阻，但他还是坚持要抽上一袋。抽上烟之后，伽德拉变得安静下来。大概一个小时以后，他闭上了眼睛，手里的烟袋仍在冒着烟。

一直以来，小曼德拉都在母亲芬妮的照顾下生活，他的母亲就是他整个世界的核心，但他的父亲伽德拉给他一生的影响极为深远，即便在年幼的时候，他也隐约认识到了他的父亲伽德拉对他的重要意义。因此，面对伽德拉的离世，他感到了前所未有的悲痛。

经过一段时间的哀悼之后，芬妮告诉儿子，他们要离开库努村，寻求新的生活。虽然很舍不得，曼德拉还是在一天早上跟着他的母亲离开了村庄。母子二人沉默着踏上了旅途，曼德拉出奇地安静和顺从。也许是他仍沉浸在父亲去世的悲伤中，也许是他在一夜之间变得成熟了。

让人成熟的，一是爱，二是生命的消逝。

当环抱着库努村的山丘在他的视野中消失，曼德拉转过身去，一边继续征途一边努力回想着村庄的样子。那些圆顶的茅草房，那些清澈的小河，那些绿油油的玉米地、成群的牛羊……乡村生活的一切都在他脑子里越来越清晰，逐渐变成一生的记忆。

这是一次让曼德拉沮丧的跋涉，很多次，他以为就快到达目的地了，然而他的母亲一次次地告诉他：不，还不到。他们沿着时而尘土飞扬、时而芳香萋萋的道路一直走着。他们越过无数山峦、穿过无数村庄，终于到达了一个绿树成荫的山谷。在那里，曼德拉看到了一幅从未想象到的景象。

第二章
CHAPTER 2

王宫生活

在王宫中，年少的曼德拉过着相对富裕的生活。在这里，他学到了非洲黑人的许多传统，聆听了先辈们反抗白人侵略的故事，这些都深深地刻在曼德拉心里。

王宫，新生活开始的地方

曼德拉的父亲死后，曼德拉的母亲芬妮接受了摄政王容欣塔巴的好意，送儿子到远离库努村的穆凯克兹威尼——坦布部落的王室和法庭所在地。

曼德拉到了穆凯克兹威尼以后，就随着摄政王容欣塔巴来到穆凯克兹威尼读书，他也在容欣塔巴家里开始了新的生活。丧父的痛苦以及与他的母亲和姐姐的离别在曼德拉幼小的心灵上留下了深深的印象。然而，他勇敢地抬起头，面对新的生活。

容欣塔巴和他的夫人，把曼德拉当成自己的亲生孩子一样对待。在王宫，曼德拉很快就适应了这里的生活。对于曼德拉来说，这里是一个奇幻的王国，一切都令他愉快。在库努村，曼德拉过的是平淡的生活，而在这里，曼德拉的生活却变成了是在冒险。当曼德拉没有上学的时候，他曾经是农夫、车夫和牧童。在王宫，他骑马，用弹弓打鸟，找别的男孩子一起玩骑马打仗的游戏。有时，曼德拉和其他的孩子一起跳舞，并享受坦布少女美妙的歌声和掌声。尽管曼德拉想念库努村的生活，想念他的母亲，但此时的他完全被这个新的世界吸引住了。

在王宫里，曼德拉与容欣塔巴的儿子佳士提斯住在一起，两人关系密切，在家时总是形影不离。容欣塔巴的儿子佳士提斯比曼德拉大4岁，他个头很高，英俊潇洒，体格健壮，歌喉诱人，往往吸引了一大群追随他的"女崇拜者"。佳士提斯还是一位优秀的运动员，特别擅长田径及场地项目，如板球、橄榄球、英国式足球。在曼德拉眼中，佳士提斯是除了他的父亲伽德拉之外的第一个英雄，他非常敬重他。在曼德拉的意识中，穆凯克兹威尼的人民是以摄政王为核心，但在曼德拉的小世界里却是以摄政王的几个孩子为核心的。

在王宫中生活的这段日子，佳士提斯逐渐成了曼德拉最好的朋友，尽管他们在很多方面存在不同：佳士提斯性格外向，而曼德拉性格内向；佳士提斯心情轻松愉快，而曼德拉严肃且不善言谈；佳士提斯什么都来得很容易，而曼德拉则必须依靠自己努力。曼德拉觉得自己在各方面都要向佳士提斯看齐，都要以他为榜样。

为了让曼德拉学点知识好为自己做事，容欣塔巴安排曼德拉到与王宫相邻的一所独屋学校上学。在那里，曼德拉学习了英语、科萨语、历史和地理。曼德拉和其他在这里读书的孩子们学的主要是《王室英语读本》。曼德拉的老师是法达纳，后来是吉克瓦。曼德拉在学校的成绩很好，因此老师对他特别有好感。曼德拉觉得自己在学校里学习好不是因为自己聪明，而是因为自己比别的孩子更勤奋。

除了读书，曼德拉每天还要在王宫里进进出出地为摄政王容欣塔巴做事。曼德拉最愿意干的事就是给摄政王熨衣服，这是一项令他引以为豪的工作。摄政王有六套西装，曼德拉要花一两个小时才能把他裤子上的褶子熨平。

穆凯克兹威尼的学校只有小学五年级，曼德拉读完五年级后，摄政王容欣塔巴又把他送到一所有高小的学校，后来又送他进中学。在这里，曼德拉学到了他以前从未接触过的知识，这对他的成长起到了不可估量的作用。

教会和王权，对权力懵懂的认识

穆凯克兹威尼远比库努村繁华，西方文化在这里广泛传播，西方化的程度要比库努村大。这里的人穿着很时髦，男士穿西装，女士因受新教派传教士的影响，身穿又厚又长的裙子和高领衬衫，并且肩上披着披肩，头上围着头巾。

在穆凯克兹威尼，左右人们生活的一条原则是基督教教规。宗教是穆凯克兹威尼人生活的一部分，更准确地说是对穆凯克兹威尼生活的另一个主宰。教会学校是这里唯一专门传授文化知识的场所，这里的学生毕业后，可以做翻译、政府职员或警察，得到受人羡慕的社会地位。

摄政王容欣塔巴是虔诚的基督教徒，他对宗教信仰非常认真。容欣塔巴每周都要和他的家人去教堂做礼拜，因而曼德拉也会随着他们一起去。有一个星期天，曼德拉因为与邻村孩子玩打仗，没有去教堂，他被摄政王容欣塔巴打了一顿，从此曼德拉不敢再犯。还有一次，曼德拉到牧师的园子里偷了玉米烧着吃，结果被一个女孩告发了。摄政王容欣塔巴的夫人知道这件事后很生气，她觉得曼德拉这样做是给全家人丢脸，因为他拿了上帝仆人的面包，所以批评了曼德拉。

除了宗教，左右穆凯克兹威尼人生活的另一条原则是王权。曼德拉关于王权的认识是通过观察摄政王容欣塔巴和他的部落会议学习到的。召开这些会议不需要提前计划，而是根据实际需要临时组织，会议的内容大多是研究国家大事，如旱灾、确定宰杀的牛、新出台的政策，或者英国政府新颁布的法律等。

摄政王容欣塔巴首先要从王宫中发出通知到参加会议的那些部落首领和酋长那里，坦布王国各地的重要人物很快就会来到王宫。他们都集中在摄政王容欣塔巴的王宫前面的大院内，然后摄政王容欣塔巴说明召集他们来开会的目的，然后宣布正式开会。

参加会议的人没有明确规定，所有的坦布人都可以，比如各地的酋长和庶民、军人和医生、店主和农民、农场主和雇工。在场的每个人都必须发表意见。一个人讲话时，不准其他人打断。会议要持续好几个小时。自我管理的基础是大家都能自由地发表他们的意见。他们的意见意味着公民是具有平等价值的。在这种场合，摄政王容欣塔巴都是被他的智囊团或者被称为高参的一伙人簇拥着，这些高参起着容欣塔巴的议会和司法部的作用。他们都是有智慧的人士，脑子里装着部落的历史和风俗，他们的意见具有举足轻重的分量。

会场的气氛很热烈，大家都非常直率地批评摄政王容欣塔巴。但是，不管对他的批评多么激烈，摄政王容欣塔巴总是认真地听，也不为自己辩护，并且丝毫也不激动。会议到了将要结束的时候，摄政王容欣塔巴才发表讲话。他讲话的内容首先是总结大家所讲的内容，并且在不同意见中形成某些共同的认识，但是不会有强加干涉不同意见者的结论。会议一直开到达到某种共识后，在和谐的气氛中结束。但有时候不能达成共识，他们会暂时放下分歧，等到一个更恰当的时间再提出解决的办法。

会议结束时，唱颂歌的歌手或者诗人会向古代的国王献颂歌，对现在的领导人则既称赞又讽刺。在摄政王容欣塔巴的带领下，观众会哄堂大笑。

尽管曼德拉当时还没有把教会和王权这两条原则看成是相互对立的，但也意识到它们之间并不容易协调。曼德拉认为，基督教与其说是一种信仰体系，倒不如说是马替奥罗牧师个人的信条，他的存在体现了基督教的诱惑。

崇拜领袖，爱听英雄故事的少年

古老的民族、古老的文化，这些都陶冶着非洲人民的后代。非洲古老的文化是没有文字记载的，依靠的是一代又一代人的口头传说，老者讲给子孙，子孙长大后又讲给下一代。

在曼德拉生活的库努村，每到夜晚，孩子们吃完晚饭，便自动到部落中的圆顶茅草屋来等候村里的长者讲述那永远也讲不完的故事。儿时的曼德拉生活在这样的氛围之中，悠久的非洲文化慢慢地开启着他那幼小的心灵。

到穆凯克兹威尼的王宫生活后，曼德拉再次有机会开始培养起对非洲历史的兴趣。曼德拉是从王宫解决争端和审理案件的酋长和头领那里听到许多非洲英雄人物的事迹的。在王宫内，曼德拉知道了其他的非洲英雄，如巴培迪大酋长塞库库尼、巴索托大酋长摩舒舒、祖鲁国大酋长丁冈，另外还有巴木巴塔、海因查、马卡纳、蒙齐瓦和科嘎玛。这些非洲战士的光荣事迹激发了曼德拉的想象力。

除了一些很有地位的人，对于非洲绝大部分人来说，白人传教士兴办的教会学校，在相当长的时期内，是他们接受文化教育的唯一场所。教会向非洲人传授西方文化，同时也向他们灌输了白人至上的种族主义意识。曼德拉就是在这样的环境下接受着白人的教育的。

曼德拉心中的非洲民族主义的思想，也是在听部落的长者们讲非洲人的历史的过程中逐渐树立起来的。曼德拉常常听部落里最老的一位酋长兹韦立班纪利·兆伊讲故事。兆伊是恩古本库卡大酋长的大后宫生的儿子。他讲故事的时候，有时候慢条斯理的，当讲到恩干盖里兹韦大酋长军队中的战士们的时候，他又像个孩子一样，似乎一下子小了几十岁。兆伊酋长一边讲着胜利和失败的故事，一边挥动着长矛，沿着草原潜行，他还讲述过恩干盖里兹韦的英雄主义、慷慨和谦让。

兆伊酋长讲的故事里的人物并不全是坦布人。当他第一次讲到科萨人以外的战士时，曼德拉其实并不明白他讲的是谁。直到后来，曼德拉才被悠久的非洲历史和所有非洲英雄人物的事迹所感动。兆伊酋长控诉白人，他认为是他们故意分裂了科萨部落，使科萨兄弟四分五裂。他说在白人到

年轻时的曼德拉，他穿着坦布部落的传统服装

来之前，非洲人在自己的土地上过着自给自足的生活。白人入侵之前，整个东开普地区都是坦布的故乡。那时人们自由往来，在酋长和部落会议的民主统治之下生产和生活。后来，从海上来的白人带着火枪侵入非洲人的土地。但是，他们的侵略遭到了坦布人的顽强抵抗。白人告诉坦布人，他们真正的领袖是大西洋对面伟大的英国女王，坦布人是她的臣民。但是，英国女王除了给黑人带来苦难之外，什么也没有带来。兆伊酋长的战争故事和他对英国的控诉使曼德拉感到气愤。此时，曼德拉产生了一种被白人蒙蔽的感觉。

先辈们反抗白人侵略的故事，深深地刻在曼德拉心里。此时的曼德拉开始崇拜民族英雄恩干盖里兹韦、巴木巴塔、海因查、马卡纳……把他们看作非洲民族的骄傲，并决心效仿他们，为非洲民族摆脱奴役作贡献。

第三章
CHAPTER 3

不安分的学生

高贵的血统和充裕的生活并没有给曼德拉带来多少优越感。在多年的求学生涯中,曼德拉认清了现实的残酷,他逐渐从一个懵懂的少年变成了一个有远大梦想和独立追求的青年。

克拉克伯里寄宿学校的独立生活

摄政王容欣塔巴想让曼德拉接受教育,以便将来当萨巴塔的参事。因此在曼德拉行了割礼回到穆凯克兹威尼后不久,容欣塔巴便把曼德拉安排到克拉克伯里寄宿学校接受教育。克拉克伯里寄宿学校建于1825年,它坐落在特兰斯凯省最古老的韦斯雷岩地区。那时候,这是坦布人地区的黑人最高学府,它既是一所中学,又是一所教师培训学校。容欣塔巴本人就是在这所学校毕业的,佳士提斯也曾在那里学习过。不过,这所学校提供更多的是技术培训,如木工、裁剪和白铁工等。

在去克拉克伯里寄宿学校前,摄政王容欣塔巴专为曼德拉举行了一个宴会,祝贺他完成了五年级学习并被克拉克伯里学校录取。摄政王还专门为曼德拉宰了一只羊,宴会上他们唱歌跳舞,非常热闹。摄政王容欣塔巴还特意为曼德拉买了一双靴子——一个成年人的标志。尽管新靴子已经很亮了,但那天晚上,曼德拉还是情不自禁地擦了又擦。这次宴会是曼德拉第一次享受为自己的荣誉举行的庆祝活动,他觉得很开心。

克拉克伯里寄宿学校远比曼德拉想象的要大得多。学校有大约24栋带有英式风格的漂亮建筑物,其中包括个人住宅、图书馆和各种授课厅。这是曼德拉住过的第一个英式而不是非洲式的住所,他感觉自己进入了一个新的世界，但对其中的规章制度还尚不清楚。

摄政王容欣塔巴把曼德拉带进传教士哈利斯的书房，并把曼德拉介绍给了哈利斯。曼德拉同哈利斯握了手，这是曼德拉有生以来第一次与白人握手。哈利斯传教士很热情、友好，对摄政王容欣塔巴特别客气。摄政王嘱咐哈利斯，希望他予以曼德拉特别的关照。哈利斯点头答应，并说克拉克伯里的学生们在学习以外的时间里需要参加手工劳动。谈话结束后，摄政王容欣塔巴向曼德拉告别，并给了他一英镑做零用钱。这是曼德拉曾拥有的最大的一笔钱。曼德拉向容欣塔巴告别，并保证一定会好好学习，不会让他失望。

到了克拉克伯里学校后，曼德拉开始了新的独立的生活。这所学校的严格给曼德拉留下了深刻的印象。哈利斯以铁的手腕和一贯公平的理念管理着这所学院。在曼德拉的最初印象中，克拉克伯里学校就像是一所规矩严苛的军事院校，不像是一所教师培训学校。在这里，学生即使是犯了小小的过错，也会立即受到严厉的惩处。在学校召开的大会上，哈利斯总是面带威严的表情，不会有任何轻率的表现。当他走进某个房间时，包括培训部和中学的白人校长、工业学院的黑人校长都要起立。在这位牧师严厉面孔的背后，是一颗友善、宽阔的心。他由衷地相信教育年轻非洲人的重要性。

虽然在学校有曼德拉尊重的哈利斯，但是这里还是多多少少有些令他失落。在克拉克伯里，曼德拉没有因为是摄政王的养子而受到他曾经企盼得到的那种尊重，他所受到的待遇与其他学生没有任何差别。没有人知道或关心他是不是显赫的恩古本库卡的后代。在这里，许多学生都有着显赫的血统，曼德拉并不是独一无二的。曼德拉很快认识到，他必须以自己的能力而不是凭借血统开辟自己的道路。

虽然有些失落，但曼德拉很快就习惯了克拉克伯里学校的生活。在最初的一段时间里，曼德拉的学习成绩仅仅是一般水平。在慢慢的、不显眼的学习生活开始之后，曼德拉努力学好所有功课，并加快学习速度，他只用了两年的时间就拿到了通常需要三年才能拿到的初级文凭。同时，在学校里，曼德拉还尽可能参加各种运动和比赛。他参加体育活动是出于个人爱好，而不是为了获得荣誉，因此他从来都没有得到过荣誉。在这里，曼德拉还用自制的木板打网球，还经常赤着脚在光秃秃的地上踢足球。

克拉克伯里的学习生活虽然短暂，但在这里曼德拉收获不少，他的视野变得更开阔了。在这里，他见到了许多来自特兰斯凯各地的学生，也遇见过来自约翰内斯堡和巴苏陀兰的学生。相比这些学生，虽然曼德拉还没有他们老练、大气，甚至他感到自己有点乡土气，但他仍然不羡慕他们，甚至在他离开克拉克伯里的时候，他从心眼里认为自己仍然是一个坦布人。他认为做一个坦布人是世界上最令人羡慕的事情，为此曼德拉感到很自豪。

希尔特敦学院，好奇与反差

1937年，在克拉克伯里学校完成了三年的初中课程后，19岁的曼德拉来到希尔特敦学院学习。希尔特敦学院距离乌姆塔塔大约175英里，位于乌姆塔塔的西南方。在19世纪，这里是所谓"边境战争"期间的英国前哨之一。在这期间，白人定居者一步一步地侵占这里，使各个科萨部落逐步失去了他们的土地。当曼德拉到达希尔特敦的时候，19世纪的战争遗迹已经所剩无几，保留下来的主要遗迹是博福特堡。在过去，只有科萨人在博福特堡生活和耕种，而此时它却成了一座白人城镇。

希尔特敦学院是一所"美以美会"教徒办的学校，校长是英国著名的威灵顿公爵①的后裔亚瑟·威灵顿博士。亚瑟·威灵顿博士是一个胖大而拘谨的英国人。他声称，自己与威灵顿公爵有血缘关系。

在开学典礼上，威灵顿博士走上主席台，用他那浑厚的声音说道："我是贵族、政治家和将军威灵顿公爵的后裔，他在滑铁卢击败了法国人拿破仑，从而拯救了欧洲的文明——同时，也为了你们土著。"他的话很有感染力，一时间台下的听众热情地高呼。每个人都为威灵顿公爵的后代竟然不辞劳苦来教育像他们这样的当地人而充满感激之情。当时的曼德拉和其他学生一样，都立志做一个"黑色的英国人"。他教导曼德拉以及所有学生，最好的思想是英国思想，最好的政府是英国政府，最好的人是英国人。

希尔特敦学院因其极高的知名度吸引了来自南非各地的学生，也有来自巴苏陀兰和斯威士兰地区的学生。尽管这里的学生多数来自科萨部落，但也有来自其他部落的。每到放学或者周末，来自同一部落的学生都会聚集在一起，甚至不同的科萨部落如阿马木旁多等部落的学生也会被相互吸引在一起。曼德拉和来自其他部落的学生一样，一直坚持这样的生活方式。

在希尔特敦学院，曼德拉结交了不少讲莱索托语的朋友，其中之一就是他的动物学老师佛兰克·勒本特莱勒。佛兰克·勒本特莱勒也是莱索托人，他长得很帅气，而且平易近人，因此在学生中很有人缘。他的年龄比曼德拉大不了几岁，曼德拉和他很谈得来。勒本特莱勒很喜欢踢足球，他甚至

---

① 威灵顿公爵，别名"铁公爵"，拿破仑战争时期的英军将领，第21位英国首相。

还参加了学院里的第一支足球队，并且成了一个球星。最让曼德拉惊奇的是，勒本特莱勒与一个来自乌姆塔塔的科萨女孩结了婚。在当时，这是包括曼德拉在内的很多人看来都很不可思议的事情，因为在当时不同的部落之间通婚是很少见的。在他们结婚之前，曼德拉生活的部落一直传授禁止这种婚姻的教育，还没有人与同部落之外的人结婚。但是，看到勒本特莱勒和他的夫人，曼德拉这种狭隘意识开始动摇，并渴望冲破仍然束缚着他们的部落主义。曼德拉也开始觉察到自己作为一个非洲人，而不仅仅是一个坦布人或科萨人的身份。不过，对于曼德拉来说，这仍然是一种初步的认识。

曼德拉在希尔特敦学院求学的最后一年里，学校发生了一件令曼德拉终生难忘的事，那就是著名的科萨诗人克鲁恩·姆卡伊访问了他们学校。那天，学校宣布停课一天，所有的老师和学生都集中在学校食堂，准备一起听姆卡伊作演讲。姆卡伊身着科萨人的传统服装与威灵顿博士一起走进学校食堂，他以通俗的语言阐述了自己的观点："我们不能容许这些对我们文化漠不关心的外国人接管我们的国家。我预言，非洲社会的各种力量将取得一场反对侵略者的伟大胜利。"这个在威灵顿博士面前毫无顾忌的发言使曼德拉震惊了。曼德拉感觉这一场景对自己和其他同学的影响一定非常大，似乎整个宇宙被翻转过来了。白人的神圣偶像第一次被摧毁了，曼德拉第一次感到作为一名科萨人的光荣。

当曼德拉在希尔特敦学院的学习生活快要结束的时候，他的脑海里有许多新的、有时相互矛盾的问题。他开始明白，各部落的非洲人有许多相似的地方。一方面是伟大的姆卡伊高度赞扬科萨人，另一方面他也看到了一个非洲人与一个白人站在一起的可能。从某种意义上说，姆卡伊在焦点问题上的转变就是曼德拉心情的一面镜子。因为，曼德拉自己也处在为自己是一个科萨人而自豪和与其他非洲人血缘关系相近的感受之间徘徊。但是，当曼德拉离开希尔特敦的时候，他认为自己首先是一个科萨人，其次才是一个非洲人。

福特黑尔大学，学习与交友

1940年，曼德拉在希尔特敦学院的刻苦学习使他顺利地考入了福特黑尔大学。福特黑尔大学坐落在希尔特敦以东大约20英里的艾丽斯市，它是1916年由苏格兰传教士在东开普要塞遗址上建立起来的，这里曾经是19世纪最大的要塞。福特黑尔位置优越，使英国人能够与英勇的科萨王山迪勒作战。山迪勒是拉哈贝王朝的最后一个国王，他在19世纪最后一次要塞战役中被英国人击败。

东开普地区在当时不仅是黑人政治的发源地，还是南非的教育中心。福特黑尔大学、拉乌代尔学院和希尔唐学院培养了来自今肯尼亚、坦桑尼亚、马拉维和赞比亚等地区的黑人民族主义运动领袖，如贾巴伍博士、苏玛博士、姆津巴、马基瓦纳等。在以后的反对种族主义的斗争中，这3位重要的黑人领袖也均来自东开普，除曼德拉外，还有泛非主义者大会创始人罗伯特·索布克韦和黑人运动领袖比科。而福特黑尔大学更是南非高学历黑人的唯一聚集中心。这里不仅是来自南部、中部和西部非洲学者的灯塔，而且对于像曼德拉这样的南非黑人青年，也是一所与牛津大学、剑桥

在福特黑尔大学读书时的曼德拉

大学、哈佛大学和耶鲁大学一样著名的大学。

曼德拉能够考入福特黑尔大学这样一个精英荟萃的地方深造是摄政王容欣塔巴希望的事。而现在愿望已经实现了，容欣塔巴感到很高兴。就在曼德拉去福特黑尔大学之前，容欣塔巴说："好孩子，走吧！到裁缝那儿去，我要为你做一套西服。"容欣塔巴为曼德拉做了一套衣服，这是21岁的曼德拉拥有的第一套双排扣灰色服装。穿上新衣服后，曼德拉感觉自己长大了许多，也成熟了许多。曼德拉无法想象福特黑尔大学的学生有谁能比自己穿得更时髦。

曼德拉在福特黑尔大学的第一年，学习了英文、人类学、政治、当地管理学和罗马条顿法。当地管理学是研究有关非洲人法律的一门学科。在当时，如果谁想到当地事务部门去工作，他就必须要学习这门学科。尽管马坦齐马[①]一直在劝曼德拉学习法律，但是，那时的曼德拉却对这门学科不感兴趣，他决心要当一名当地事务部门的翻译或公务员。那时候，对于一个非洲人来说，当一名公务员是一件特别荣耀的事，许多当地的黑人都渴望得到这份对他们来说最高的职位。1941年，福特黑尔大学开设了翻译专业，由提亚姆扎西授课。提亚姆扎西是一位从法院退休的著名翻译。曼

[①] 马坦齐马是恩古本库卡大酋长的另一个儿子。

德拉成了这个专业的第一批学生。

在福特黑尔大学就读期间,曼德拉除了学习文化之外,还积极参加各种活动。在这里,学生们还受到西方生活方式的熏陶,包括衣食、起居、举止,都按照欧洲的方式。但是对学生们影响最大、最重要的还是基督教。

在当时,包括南非在内的很多殖民地的学校大都具有较浓厚的宗教色彩,许多殖民主义思想的传播就是由传教士以及教会学校所完成的。而教会关于殖民权利的学说,则成为早期殖民国家,甚至现代殖民帝国对外进行扩张的理论基础。

福特黑尔大学向每一个在这里学习的学生灌输的也是殖民思想,如服从上帝、尊重政府等,并且要学生们树立对教会和政府的感激之情,因为他们给学生们提供了受教育的机会。曼德拉的心里虽然明白这里的教学带有殖民主义的色彩,但是这些学校毕竟给他和其他非洲人提供了难得的教育机会,通过教会学校这个窗口,使很多非洲有志青年认识了世界,也促进了非洲民族的觉醒。因此,曼德拉成了学生基督教协会的成员,并负责星期天在临近的村子里讲《圣经》。

在福特黑尔大学,曼德拉还结识了一批有识之士,这些人可以说影响了他的一生,其中包括奥立弗·坦博和凯泽·马坦齐马。奥立弗·坦博也是科萨人,在以后的民族解放斗争中,他俩成为了生死与共的患难之交。奥立弗·坦博专攻科学,但科学并不是他喜欢的专业,他最终还是想学医。他喜欢学医是因为他从小就受到身边环境的影响,喜欢听那些巫医或祭师的故事。然而,坦博是一个很有个性的人,他难以适应学校的清规戒律。后来他参与和组织了学生罢课活动,因而得罪了学校的领导,最后被校方开除了。

凯泽·马坦齐马是曼德拉在福特黑尔大学的另一位好友,他一直很喜欢曼德拉。虽然凯泽·马坦齐马比曼德拉大3岁①，但他对曼德拉很钦佩。在与曼德拉相处的日子里，他发现曼德拉考虑问题很成熟，人也很善良，他认为曼德拉将来一定会大有作为。虽然他们俩同是科萨人贵族出身，也同是福特黑尔大学的同学，但最终他们俩却走上了截然不同的路。马坦齐马在1942年被任命为统一的特兰斯凯领土会议议员，后辞去议员职务，专攻法律，并通过律师考试。1955年，马坦齐马再次成为特兰斯凯议员并于1958年成为坦布族大酋长。1963年，特兰斯凯举行立法会议选举，他领导的民族独立党获胜，他出任立法会议首席部长兼财政部长。1976年，特兰斯凯宣布独立后，他出任总理。1979年当选为特兰斯凯总统。

梦醒校园，愿这土地上不分你我高低

  福特黑尔大学的特点在于它的成熟程度，无论是从学术方面还是社会方面，这对于曼德拉来说是新鲜而惊奇的。在福特黑尔大学，曼德拉除了上课以外，还经常参加各种社会活动。当时南非各地有抱负的黑人青年大多来福特黑尔大学深造，因此这里政治气氛极为浓厚。

  在福特黑尔大学学习期间，曼德拉还热心关注第二次世界大战的进展情况。曼德拉和他的同学们一样，都是大不列颠的热心支持者。当曼德拉得知在他大学第一学期期末典礼上讲话的那个叫詹·司马兹的人将成为英

---

① 在辈分上，他实际上是曼德拉的侄子。

国驻南非的大律师的时候,他特别高兴。

詹·司马兹是英国前首相。三年前,当赫索格发起运动取消开普非洲人的投票选举权的时候,曼德拉发现司马兹对非洲人表示同情。曼德拉更关心的是,司马兹帮助建立了民族青年团,在世界上倡导自由,而不是在国内压制自由。

司马兹来到福特黑尔大学后,校领导把他当成学校的主人一样招待,并把他拥戴为世界政治家,这是莫大的荣誉。当首相赫索格主张中立的时候,后来成了副首相的司马兹正在全国发起南非向德国宣战的运动。曼德拉非常渴望亲眼看到像司马兹这样的世界领袖。在第一学期期末典礼上,司马兹讲了支持大不列颠向德国宣战的意义。曼德拉和他的同学们一起衷心地为他欢呼,拥护他关于为自由而战的号召,而忘记了在自己的土地上还没有自由。

20世纪30年代后半期,种族歧视现象在南非司空见惯。在这里,不管白人与黑人是否相识,或者黑人是否有一定的身份,任何一个白人都可以指使黑人为自己干杂活,比如搬行李物品、买东西等。在白人眼里,所有的黑人都是下等人,是可供驱使的奴隶。在福特黑尔这样一个大学聚居、文化相对很开放的地方也不例外。在这里,黑人学生如果到白人餐馆吃饭,只能从后门进厨房买饭,而不能步入前门。同时,这是种族主义统治逐步强化、种族矛盾日益尖锐的时期。1913年,南非政府议会通过了一项《土著土地法》。这一法律使白人剥夺黑人土地所有权合法化,同时亦使保留地制度化。1936年,南非政府制定了《班图土地法》和《土著人代表法》,进一步剥夺非洲人的土地权利,一部分上层非洲人在开普省享有的一点公民权也被剥夺。1950年,实行极端种族隔离政策的南非白人政府颁布了臭名昭著的《通行证法》,限制广大黑人的行动自由。

这些做法在非洲人当中，特别是在非洲青年当中，引起普遍的不满。尤其是《通行证法》更是遭到非洲人的反对。为了表达对该法案的不满和争取合法的人身权利，1956年8月9日，南非各种族（大多数为黑人）2万多名妇女在比勒陀利亚发动了大规模的示威游行。虽然妇女的请愿书被当局拒绝，但是此后每年的8月9日这一天都在南非民间被以各种形式纪念着。这也充分表现了他们与独裁、专制和种族歧视作斗争的勇气与决心，以及对民主和平等的强烈渴望。

曼德拉在希尔特敦学院学习的时候，同样目睹了在南非肆虐的种族主义和在白人政权下呻吟的黑人民众的悲苦，他觉得必须为非洲每一个黑人争得生存和发展的权利。在曼德拉看来，法律这门学科可以为他以后的事业服务，因此，他把更多的精力放在了研修法律上。

曼德拉还在这里接受了黑人学者Z.K.马修斯的教育。马修斯毕业于福特黑尔大学，他是第一个在南非国内的大学获得学士学位，并在美国耶鲁大学学习并获得硕士学位的著名黑人学者。这位出身于矿工之家的非洲人，被公认为最成功的非洲学者。1936年，马修斯来到福特黑尔大学任教。但是南非的黑人知识分子没有政治地位，非洲民族被压迫的命运一度使他们很难游离于政治之外。马修斯在20世纪30年代曾是非洲人平等权利的积极倡导者，后来加入"非洲人国民大会"，成为该组织的重要领导者。曼德拉在这种环境中学习和生活，第一次接触到一些"非国大"的成员，也是第一次听到他们在辩论中激烈抨击白人种族主义的言论，这使曼德拉感到惊讶和震动，他开始接受一些反对种族隔离的思想，希望非洲这片土地上不再有你我高低之分。

在希尔特敦学院，曼德拉感受到一种激进的、强烈的民族主义情绪，比他在家乡感受的更富有战斗性和革命性。这是曼德拉政治启蒙的开始。

从此，曼德拉认识到黑人不需要听白人的摆布，黑人应该有自己的生存空间。

退学、逃婚，飞腾的心关不住

在福特黑尔大学，曼德拉感受到一种强烈的民族主义情绪，他很快就卷入了学生运动。在发起这些运动的过程中，曼德拉与校方发生了冲突。

当时，也就是曼德拉上三年级的第二学期期末，他被指定为学生代表会的候选人。选举之前，全体学生开会，在会上大家认为，学生伙食太差，要求校方改善伙食并扩大学生代表会权利。校方为了控制局面，极力削减学生代表委员会的权利，这引起了学生更大规模的抗议活动。学生代表委员会经过协商，一致同意支持学生的行动。

学生们一致决定，如果学校不同意扩大学生代表委员会权利的要求，就抵制选举。结果在校方规定的选举时间，只有少数学生投票，大多数抵制。选举结果是6名代表当选，曼德拉是其中之一。因为多数没有投票，6名代表经讨论决定集体辞职。校方又在晚饭时安排一次投票，结果仍然是少数人投票，原来的6名代表当选。由于多数人没有投票，曼德拉觉得选举结果不能代表全体学生，他又一次提出辞职，但其他5名代表没有接受他的请求，于是他向校方提出辞职。校长警告他，说如果他坚持辞职，将被学校开除。

这次选举给曼德拉的学业和生活带来了巨大的变化。在这一运动中，曼德拉内心进行着激烈的斗争，他知道这是关系到自己前程的重要决定，但是曼德拉最终还是坚持地站在学生一边。一种强烈的道义责任感驱使曼德拉不得不作出牺牲自己学业的选择。曼德拉对校长剥夺他参与运动的权利，如此武断地决定他命运的行为感到气愤。他毅然中断学业，放弃了即将获得的学位，卷起铺盖回到了家乡。

回到家乡后，曼德拉极力向摄政王容欣塔巴解释缘由。当容欣塔巴听到他竟然敢向学校领导说三道四时，气急败坏地说："立刻给我回学校去！并诚恳地向学校承认错误，赔礼道歉。为了送你上大学，我花费了多少心血。等学校开除你，再后悔就来不及了！"但曼德拉坚持不回学校，更不用说去向学校领导承认错误了。曼德拉已不是被别人摆布的小孩子了，他说："我们仅仅是在行使自己的权利。我们代表的是学生利益，也不仅仅是为了我们自己。"曼德拉深知容欣塔巴为他操的那份苦心，但他不愿意随便放弃自己的立场。这件事情反映了曼德拉做人的基本态度，他认定自己的原则，不会顾虑个人利益而放弃自己的主张。这种道德和信条，贯穿于曼德拉的一生。

随后，摄政王容欣塔巴软硬兼施，一味坚持要曼德拉去学校赔礼道歉，他的语气没有商量的余地。曼德拉觉得如果与资助他上学的容欣塔巴发生争论，那将是没有道理的，也是对他的不尊重。所以，曼德拉决定暂时往后放放这件事。此后，曼德拉又恢复了在家里的传统生活。他给摄政王容欣塔巴料理事情，包括他的牛群以及与其他酋长的关系。

几周后，摄政王容欣塔巴把佳士提斯和曼德拉叫到面前，用很严肃的语气说："我的孩子，我恐怕在这个世界上活不了几年了，在我去见祖先前，我有责任看着我的两个儿子结婚。当然，我已经为你们兄弟两人安排好了婚事。"曼德拉尊敬、爱戴容欣塔巴，但是他不能接受这样的安排。可是在当时，曼德拉的家乡没有一点民主思想。按照非洲人的传统，容欣塔巴也完全有权力这样做，他根本不认为有必要征求曼德拉的意见。

按照容欣塔巴的安排，佳士提斯的新娘将是一位德高望重的坦布贵族的女儿，而曼德拉将要娶一位坦布牧师的女儿为妻。容欣塔巴告诉他们，聘礼已分别送到两个姑娘家，很快将举行婚礼。

曼德拉认为这是不公平的，也是欠考虑的。同时他也认为，如果他拒绝了摄政王为他安排的这桩婚事，他将无法再在他的庇护下生活。佳士提斯像曼德拉一样，也不同意父亲包办的婚姻。两个年轻人已走出部落，见识了外面的世界，有了自由恋爱的意识。为了逃避这种传统的婚姻安排，曼德拉决定逃婚，佳士提斯也愿意跟着一起逃往约翰内斯堡。为此，他们一起商量了很久。

机会终于来了。一次，他们趁摄政王容欣塔巴外出开会的机会，准备逃跑。走之前，他们除了带一些简单的衣物之外，还需要一些路费，但他们俩没有多少钱。于是他们把摄政王的两头牛卖给了当地的一个商人，换了一些钱，然后立即乘汽车赶往当地的火车站。但是，他们没有想到，容欣塔巴临走前已经嘱咐车站负责人，不准卖给他们车票，不许他们离开特兰斯凯地区。原来，容欣塔巴对这两兄弟近日的举止早有所觉察，但又无十分把握，所以在离开前嘱咐了火车站的负责人。没办法，曼德拉和佳士提斯只能乘汽车赶到另一个火车站。当他们好不容易买了票后，才发现火车只开到昆士兰。由于他们缺乏作为一个黑人所必需的必要旅行文件[①]，他们无法上车。

---

① 在20世纪40年代，黑人在外旅行时，除了通行证外，还需有旅行文件、许可证和雇主（或监护人）的信。

在当时，一个非洲人要离开原属地到另一个地区去工作、居住或旅行，是没有自由的，还需要有旅行文件，也就是根据白人政府控制非洲人流动的《通行证法》，所有16岁以上的非洲人男子，外出时必须随身携带"土著人通行证"，以随时接受警察和雇主的盘查。就算这些文件都有，警察也可能因为其中有的文件没签字或日期不对不予放行。如果根本没有这些文件，则会被抓进监狱。

没有通行证件，曼德拉和佳士提斯只好硬着头皮来到昆士兰等待出走的时机。后来，佳士提斯的一位朋友帮忙，他们搭上一位白人太太的汽车驶向约翰内斯堡，但是他们必须付给这位白人太太15英镑。这比火车票贵得多，但是可以避免很多麻烦。就这样，两位涉世未深的黑人青年来到大都市——约翰内斯堡。然而在陌生的约翰内斯堡等待他们的，并不是平坦的前程。

Part 2

黄金之都：
身许自由之路

缤纷色彩显出的美丽，
是因它没有，
分开每种色彩。
——《光辉岁月》

第一章
CHAPTER 1

只身闯约堡

肤色成为划分地狱和天堂的界限,曼德拉身处地狱中,饱受种族歧视所带来的煎熬。那些歧视黑人的人,让曼德拉的自由意识觉醒,他意识到如果不改变南非的现状,他以及众多的黑人将会永远处于地狱中,成为地狱中的受刑者。

"闪闪发光的石块",罪恶的源头

提到南非就不得不说到黄金,而提到黄金,就不得不说世界上黄金的七个主要产地之一——约翰内斯堡。

1886年,一群淘金者在东北部瓦尔河上游高地上,发现了大量的黄金储藏,便在那里建立了营地,成为一个挖矿站。随着金矿的挖掘和开发,约翰内斯堡迅速成为南非最大的城市。这座城市的发展是惊人的,仅在建城一年之后,它的人口就超过了南非首都比勒陀利亚。而建城10年后,它已成为南非最大的居民区,拥有15万居民,并且成为南非的经济中心。

约翰内斯堡的迅速发展得益于兰德金矿,因为它处于世界上最大的黄金开采区兰德金矿区的中心地带。1886年,约翰内斯堡刚建城时,兰德的产金量仅占世界产金量的0.16%,但是1898年就已占27%之多。到了1913年,兰德的金产量已占世界黄金产量的40%。1970年是南非的开矿荣耀年,约翰内斯堡黄金年产量高达1000吨,成为黄金储量和产量均占世界第一的大型金矿。所以说,约翰内斯堡称得上是一座"黄金之都"。

1941年,23岁的曼德拉来到了约翰内斯堡。这个南非最大城市和经济中心、被称为"小美国"的地方,给曼德拉带来了很大的改变。首先便是待遇的变化。曼德拉在特兰斯凯的时候,因为那里是黑人保留地,所以当地人对他的态度是谦卑恭敬的，贵族出身的他，总能保有一种天然的优越感。但身处于白人经济统治中心的约翰内斯堡，黑人的地位低下，种族歧视的现象处处可见。曼德拉不仅找不到曾经的优越感，反而时时面对歧视的目光。

另外，约翰内斯堡的生活方式也让曼德拉很不适应。以前他过的是部落生活，大家族住在一起，相互照应，无拘无束；现在进入城市，迎接他的是肮脏破烂、拥挤不堪的住宅区，邻居也互不相识，也不会互相往来。可以说，初入城市的曼德拉无比怀念风景优美、无忧无虑的农村生活。他开始讨厌城市中的一切，比如显得拥挤的林立的高楼、街上密集的人流，还有不断来往的车辆……

在曼德拉和佳士提斯刚到约翰内斯堡的时候，他们首先去达克朗金矿落脚，因为那里是黑人聚集地，大量的矿工都拥有着与他们一样的黑色皮肤，这让他们感到亲切。

佳士提斯在皇冠金矿找到了一个文员的工作，然后说服监工录用曼德拉为矿工居民区的保安。就这样，两个因被逼婚而离家出走的年轻人在这个矿上暂时安定了下来。

曼德拉每天的工作就是站在通向黑人矿工住宅区的大门旁，看着那些拖着沉重的步伐、完成了一天辛苦工作的黑人矿工满脸疲惫地往家走。他的脑海中突然闪过城区白人居住的林立的楼房。他开始认清现实，而这现实就是严酷的种族歧视。

南非很早就出现了金矿开采业，这里金矿开采的历史，与英国"帝国主义分子"谢西尔·罗德斯的名字紧紧相连。当然，之所以用"帝国主义分子"一词来给谢西尔·罗德斯冠名，并无任何贬义，反而代表了光荣。罗德斯是一个狂野的人，他深信"盎格鲁—萨克逊种族"赋有统治世界的天职，并一直有着远大的梦想——建立包括非洲、亚洲、欧洲及美洲的大英帝国。而事实上，他也确实具有常人所不具备的魄力。一个一文不名的乡村牧师之子，居然在经过金融市场和采矿业的几番尔虞我诈的搏击后，一跃成为了世界上最有钱、最有权势的人物之一，最后成了开普殖民地总理和英国南非公司的董事长。虽然罗德斯因为策动克鲁格总统的政变未遂，而未能实现自己那建立一块连接地中海和好望角的英国领地，并修建一条从开罗到开普敦的铁路和相应的电报网的宏伟目标，但是他，拥有的南非固本金矿公司建立的剥削黑人矿工的制度，却在约翰内斯堡一直延续下来。

金矿招募工人有一个结构严密、颇有成效的组织网络，它覆盖很广，遍及非洲南部和中部的广大地区，这样就使得矿厂一直拥有廉价的劳动力。南非的金矿自1936年以来，在正常状态下每年雇用约30万非洲人。招募代理人通过传统的渠道，从政府当局到部落酋长把受雇名额层层分配下去。契约一般要求非洲雇工在矿山工作6个月到18个月，受雇者在契约上画押后，就离开家乡到矿上做工。

矿主联合会主席于1930年在南非联邦的《土著经济委员会报告书（1930—1932年）》中指出："如果没有非洲南部的大量土著劳动力的供应作为基础，就绝不可能开办我们现在知道的任何黄金采掘工业，即使开办起来，亦绝不可能维持下去。这就是事情的真相。"

每天待在矿工生活区的曼德拉，一开始还不了解矿工的真实生存现状。出于好奇，有一天他便问一个做监工的朋友："为什么公司不让矿工多干几年，而要如此频繁地更换呢？"这位朋友摇了摇头，显得很无奈，他说："你没有下到作业的井下，所以对于矿工的了解，只停留在对他们住房条件的认识上。矿工工作的时候，要躺在深达2.5公里的狭窄的坑道工作面开采,那里面又热又闷,空气混浊得不堪设想。由于常年做这种苦役,矿工的身体极度衰弱,以致公司不得不每年把全部黑人矿工更换一次。当然,也有为了挣钱而咬紧牙关顶下来继续干的,不过这些人的身体素质肯定都是极好的。"

年轻气盛的曼德拉听了这番解释之后,终于明白为什么每天矿工下班后都是一副快要垮掉的样子。他沉默良久,只能默默地在心里说:"真是地狱般的生活!"

贫民窟中优秀而体面的青年伙伴

曼德拉在矿区所做的工作枯燥且简单,但当他还没来得及对这份工作厌烦时,摄政王容欣塔巴的手下就已经追踪而来。雇用了曼德拉和佳士提斯的工头匹利索终于明白这两个年轻人不是摄政王派出来体验生活的,而是偷跑出来的。一天,匹利索把他们叫去盘问,把摄政王写着"立即把两个男孩送回"的电报拍在他们面前,说:"你们收拾收拾,做好回特兰斯凯的准备。"

好不容易逃离家乡来到大城市的曼德拉和佳士提斯,怎会轻易这般灰溜溜地回去?他们找到容欣塔巴的一位老朋友——埃克苏玛博士,请求帮助。埃克苏玛博士是"非洲人国民大会"的主席,他比较开明,且社会交往很广。在听完两个年轻人的解释后,埃克苏玛立即介绍他们去见南非矿业商会的一位先生。这位先生给他们写了一封介绍信，于是，曼德拉与佳士提斯再次到皇冠矿业公司找工作。但这次他们的运气没那么好，容欣塔巴的眼线第一时间就发现了他们。万般无奈之下，他们不得不放弃在矿上谋职的打算，到素有"黑人城镇"之称的亚历山大另寻出路。

亚历山大之所以被称之为"黑人城镇"，是因为它是容许非洲人购置地产的少数地方之一。这个距离约翰内斯堡约15公里的小市镇发展得很快，到1943年年初人口已达6万。不可否认的是，这里的物质条件要比约翰内斯堡差，但曼德拉却觉得这里的人文环境很好。比如害羞的小女孩抿着嘴望着你微笑，光着脚丫子的黑人孩子，在坑坑洼洼的小街上兴致勃勃地踢着球。

曼德拉在亚历山大有一个远房亲戚叫姆贝克尼，他与佳士提斯投奔了这个亲戚。姆贝克尼为他们作好了安顿，可是住房条件很差：铁皮做的房顶用石头压着，每到下雨就漏个不停。但曼德拉没有怀疑姆贝克尼的慷慨，为了帮助曼德拉继续学习法律，他拿出了一小笔可用于函授学习的钱。

由于物质条件实在太差，曼德拉很难集中精力去学习。试想，住在一个人来人往无法安静下来的小房子里，有时晚上停电要点蜡烛看书，学习效率与质量如何能提高？终于有一天，姆贝克尼看不下去了，他建议曼德拉去找西苏鲁想想办法。曼德拉好奇地问道："谁是西苏鲁？"姆贝克尼说："他也来自特兰斯凯，是我们的老乡，现在在做房地产的工作，一个很有头脑又乐于助人的人。如果你愿意，我可以带你去见见他！"曼德拉很高兴，因为他对西苏鲁早就有所耳闻，只是一直不知道他的背景情况和性格。

来自特兰斯凯恩科波的沃尔特·西苏鲁是一个混血儿，从小由母亲、叔叔和矿工们带大。他那素未谋面的父亲是一个白人工头，在恩科波监督修路。也就在此时，他的母亲生下了他。之后，西苏鲁的父亲就走了，再也没有认过这个黑人儿子。西苏鲁生在黑人区，却因为是混血儿、皮肤比其他孩子白的原因，常常受到他人的嘲笑与冷落。这个事情在他心中埋下了仇恨白人的种子。

阿尔伯蒂尼是西苏鲁的未婚妻，深知他始终对自己不是纯种肤色介怀，便安慰他说："不要对你的皮肤过于敏感，这又有什么关系呢？你看看我，我的皮肤足够黑，它的颜色够我们两个人分着用了。"

西苏鲁信奉过宗教，参加过奥兰多兄弟会。1940年之前，他的政治倾向总是摇摆不定，直到1940年他加入了"非洲人国民大会"，才终于找到了自己的政治归宿。

事实上西苏鲁并不富裕，但他非常善良，总是想尽办法帮助其他黑人。这使得阿尔伯蒂尼经常抱怨自己从未拥有过什么东西，即使是仅有的衣服都被好心的未婚夫拿出去送人。而西苏鲁总是向未婚妻解释，他这么做是因为从前的经历，他永远也忘不了自己睡在东伦敦佣人区地板上过夜的日子。他仇恨黑人所受到的不平等待遇，所以想要尽可能地去帮助那些挣扎在死亡线上的穷人。

有一次，西苏鲁坐火车去奥兰多，亲眼看到一个白人列车员没收了黑人的月票。黑人苦苦哀求白人列车员把车票还给他，因为车票很贵。但是白人列车员趾高气扬，对黑人的哀求视若无睹。西苏鲁实在看不下去，便过去和白人列车员讲理。谁知白人列车员不仅不听，还打了他一拳。他终于忍无可忍，挥起愤怒的拳头狠狠地将那白人列车员揍了一顿。后来车上的保卫人员将他抓了起来，让他蹲了一段时间的监狱。

西苏鲁与曼德拉可谓一见如故，他对初次见面的曼德拉说："你搬到我这儿来住吧，你可以在我的事务所工作，每月我付给你不低于两英镑的工资和佣金，行吗？"曼德拉当然答应了，他非常高兴，觉得自己的运气真是好极了,居然碰上了西苏鲁这样的大好人。

因为彼此都有好感,曼德拉和西苏鲁很快就成了好朋友。一天,曼德拉问西苏鲁:"听说你干过各种各样的差事?"西苏鲁见曼德拉对自己十分好奇,便给曼德拉说起自己的奋斗史。

西苏鲁来到约翰内斯堡时只有18岁,比现在的曼德拉年轻得多,因此他的阅历非常丰富。在乡下时,因为他的叔父早逝,16岁的他承担起了种植庄稼、放养牲畜等工作。行过成年割礼后,他决定出去闯世界。与大部分的黑人同胞一样,西苏鲁刚到约翰内斯堡后,首先干的工作是矿工。在矿上的那段经历,成了他永远也忘不了的记忆。

每天清晨起来,西苏鲁就要乘坐吊车下到离地面1英里的地下坑道,用丁字镐和铲子使劲挖矿,尽管一直在拼命工作,可是该死的监工,总会一直在身后催命般地叫喊。每天他们只有一顿早饭吃,因为有规定说不能把食物带下矿井,最多带上能提神的麦特酒,而一直要等到晚上下工后,才能再吃上一顿饭。一下班,西苏鲁就觉得精疲力竭,甚至感到天昏地暗。而坑道里空气很不好,很多人都坚持不了多久。

西苏鲁辞掉矿上的工作后,又先后做过帮厨和面包师。在面包房工作的时候,他为了争取提高工资,带领面包房的工人罢工。不过这次罢工颇具戏剧性,因为面包房的老板用各个击破的手段,将每个工人都说服了,不仅让大家在没有涨工资的情况下复了工,还将西苏鲁解雇了。在这之后,他又去了好几家工厂工作,但都因为与那里的白人老板发生冲突,导致再次被开除。万般无奈之下,西苏鲁只好静下心来研读英语和非洲民族历史。

律师身份，依然得不到公平

当西苏鲁得知曼德拉一直有学法律的志向时，立即把他介绍到了一个白人律师事务所做见习律师，同时提供经济支持，让他通过函授继续完成他的法学士学位。

锡德利斯基先生的律师事务所，是约翰内斯堡最大的律师事务所之一。曼德拉能在这所律师事务所做见习律师，不仅可以拥有一份不错的收入，而且还能为将来成为合格的律师准备必要的条件。这里是被认为很开明的白人律师事务所，因为它不仅接受白人客户，而且承办黑人的财产事宜。

无论如何，这是曼德拉第一次与白人共事。事务所的老板锡德利斯基先生是一位犹太人，他彻底改变了曼德拉对白人的印象。因为他不仅对曼德拉很关心，还经常鼓励他继续学习法律。此时，曼德拉明白，原来白人当中也有关心非洲人利益的人。不过这些白人毕竟是少数，曼德拉在平时与一些白人职员的交往中，还是察觉到了南非白人当中根深蒂固的种族优越感和对黑人的偏见。所幸的是曼德拉在这里结识了一位杰出的非洲青年高尔·拉德比，他教会了曼德拉与白人相处的办法。

曼德拉与白人同事的摩擦，从他到事务所上班的第一天就开始了。一位白人女文员对他说："曼德拉你好，我们这里没有种族界限。佣人送茶时，你尽管从盘子里拿。我们为了照顾新同事，特意给你和高尔买了两个新杯子，茶来了你就用新杯子。"曼德拉把这位女文员的话转告给高尔。高尔笑了笑，对曼德拉说："知道了，喝茶的时候你照我的样子做。"茶来了，高尔故意挑了一个旧杯子，不紧不慢地喝了起来。曼德拉觉得很为难，因为他既不想让高尔不高兴，又不愿得罪白人文员，只好推脱不想喝茶。之后的日子，每到工间喝茶的时候，曼德拉为了避免尴尬，就独自一人坐在办公室的小厨房喝茶。

这只是曼德拉的经历中对他触动不大的一件事情。还有一次，一位白人女秘书表现得更过分。那天，曼德拉正在向她口述信稿，一个白人客户走进办公室。白人女秘书突然显得有点慌乱，因为当时她觉得她就像是在听一个黑人的支使。于是白人女秘书灵机一动，连忙拿出6便士，对曼德拉说："曼德拉，到商店给我买包洗发液！"

在生活和工作中，白人的种族优越意识无时无刻不在显现着。曼德拉一直很蔑视这种优越感，他就曾深刻地指出："这些人与我们相比，并没有任何优越性，他们不比我们强壮，更不比我们聪明，但是他们的白皮肤保护着他们的优越地位。"

在曼德拉看来，高尔比这些白人办事员精明能干得多，而且充满自信。高尔身兼数职，既是办事员、送信员，还做翻译。他的英语说得很流利，还会非洲人的两大常用语言——索托语和祖鲁语。约翰内斯堡的黑人当中，高尔可算得上是个著名人物。他的名望主要体现在坚定的信念和蔑视白人的态度上。有一天，曼德拉目睹高尔对事务所的白人老板锡德利斯基先生说："你们这些人偷走了我们的土地，还奴役我们。别看你现在坐在那张椅子上像个主子，而我的酋长却在外面为你跑腿办事，但这种情况只是暂时的，总有一天要改变，你们终将被我们赶到海里去！"说完，高尔扬长而去。

  曼德拉到律师事务所工作后不久，就决定从亲戚家搬出去。而当他独自租房时，他才体会到贫困的滋味。曼德拉在律师事务所的收入是每周两英镑，而他每月花在房租上的钱是13先令4便士，每月从亚历山大到约翰内斯堡城里的最便宜的交通费是1英镑10便士，然后还要用1英镑买食品，同时还要付函授学习的费用，甚至因为晚上停电，为了看书还要买蜡烛，如果想要换上煤油灯，那就更贵了。所以当时的曼德拉是个彻底的"月光族"。经济上的困难让他每天清晨步行近10公里到事务所，晚上再走回家，只为节约一点儿车费。他有时一天只吃一点儿东西，饥饿成了他那时候最常见的状态，更别提买衣服了，他压根就没有买衣服的钱。律师事务所的老板锡德利斯基先生送给他的一套旧西装，他一穿就是5年。贫困促使青涩的曼德拉渐渐走向成熟。

  一天下午，曼德拉下班乘巴士回亚历山大。在车上他不小心碰到了一位年龄和他差不多的白人青年的衣服，白人青年皱了皱眉头，嫌弃地挪动了一下身子。这虽然只是一个微不足道的小动作，但是在当时却深深刺痛了曼德拉的心。

  夜晚，曼德拉辗转反侧，仿佛有百般滋味萦绕心头。一天早晨，依照惯例，为了省钱，曼德拉步行去城里上班。但不巧的是，他在路上遇到了一个福特黑尔大学的女同学，名叫皮利斯·马赛库。当时马赛库正在大街的同一侧向他走来。他因为穿得太破，怕伤到自尊，不愿意跟久别重逢的老同学打招呼，打算装作不认识而横过大街。但是，马赛库的眼睛并没有那么不好使，她很远就认出了曼德拉，并且一个劲儿地喊"曼德拉……曼德拉"！曼德拉没有办法，只好停住了脚步，并转身走上前去。

  马赛库表示见到曼德拉很高兴，她把自己的地址塞到他手上，说："这是我的地址,奥兰多东头 234 号,请你有空一定要来我家玩。"朋友的热情温暖了曼德拉那颗被冷酷的现实冻僵的心,他决心不再自己羞辱自己,按照地址找到了马赛库的家。当曼德拉发现马赛库并没有因为他贫穷而小看他时,就完全放下了戒备之心,而且从那以后,他经常去看她。

在那段饥饿困苦的时期,曼德拉对于房东也特别感激。他当时的房东叫库玛,是个慈善家,但却并不富裕。在每个挨饿的星期天,库玛和他的夫人总是为曼德拉提供免费的午餐。午餐很丰盛,有蒸猪肉和热气腾腾的蔬菜。而曼德拉也从不会错过星期天的这场"盛宴",因为一周的其余时间,他基本上都是靠面包维持生活。

美妙的爱情,更滋润贫困者

没有什么能比美妙的爱情更滋润贫困者的心了。

曼德拉正处在贫困潦倒的时候,与生性活泼的爱伦·恩卡彬德相恋了。他们是老相识,早在希尔特敦读书时就已经结识了。当时曼德拉对她只是稍有了解。而两人在亚历山大再次相见时,便迅速擦出了爱情的火花。

爱伦在亚历山大的一所学校里教书,而曼德拉也在一边工作一边念函授大学,所以虽然两人迅速相恋,但能一起相处的时间太少了。好不容易有机会约会,曼德拉却发现周围总是有那么多的人,要想谈情说爱显得有些困难。实在没有办法,后来他们只好在亚历山大城内的草地上或小山上走一走。两个人单独相处的大部分内容就是单调地走走，当然，如果时间充裕，他们也有心情来一次充满乐趣的野炊。

相聚的不易不能阻碍这对情侣相爱，但是爱伦的出身却让两个人的感情出现了危机。因为爱伦是茨瓦纳人，不是科萨人。尽管在当时的亚历山大，部族界限已经淡化，但是曼德拉周围的科萨朋友们，还是不愿对他和爱伦的相恋祝福。不仅如此，有的人甚至对曼德拉和爱伦冷言以待。比如房东太太就因为爱伦的出身而对她毫无好感。一天，曼德拉正在库玛家里，库玛的夫人听见有人叫门，去看了看，发现是正在找曼德拉的爱伦，库玛的夫人便说曼德拉不在。后来，库玛的夫人才对曼德拉说："哼！曼德拉，有个茨瓦纳姑娘曾经来这里找你。"她极力劝说曼德拉找个科萨姑娘。

对于这类的劝告，曼德拉听得多了，他也并不在意。因为他欣赏爱伦、喜欢爱伦。爱伦在这座冰冷的城市里给无依无靠的曼德拉提供了温暖、爱、信心、力量和希望。但是令人难过的是，虽然曼德拉并不在意这些可畏的人言，但几个月后，爱伦因受不了曼德拉朋友们的压力，悄悄搬走了。失去了恋人的曼德拉极端痛苦，他们从此以后再也没有联系上。

也许是为了化解失恋的悲痛，也许是为了让苦难的生活过得快乐一些，曼德拉在失恋后渐渐喜欢上了房东库玛先生的一个名叫迪迪的女儿。迪迪的年纪与曼德拉相仿，曼德拉刚搬进来的时候，她一直都在约翰内斯堡郊外的白人区里做家政服务。后来随着见面次数的增多，两人渐渐熟悉，曼德拉爱上了这个可爱的女孩。不过遗憾的是，迪迪对只有一套补丁衣服和一件脏衬衣的曼德拉不屑一顾。曼德拉当时也明白，自己不能勉强一个美丽的姑娘爱上形象与街头流浪汉并无二致的男人。

事实上，迪迪有男朋友，因为曼德拉每周末看她回家时，总有一位年轻帅气的小伙子陪同着她。曼德拉猜测这个小伙子肯定十分有钱，因为他不仅有汽车，还很注意着装打扮：头上戴着宽边帽子，身穿昂贵的美国式双排扣衣服。他每次来接送迪迪时，总是神气地站在房子外面的院子里，双手插在西装背心的衣袋里，热情地与探头观望的曼德拉打招呼。曼德拉觉得这个傲慢的小伙子根本就没有把自己看作是情敌。

曼德拉想向迪迪求爱，但内心很矛盾，因为他明白迪迪答应自己求爱的概率非常渺茫，而且追求一个女孩子总是需要勇气和决心的。很多年后，曼德拉回忆起这段暗恋岁月，这样说道："搞恋爱不像搞政治，小心谨慎通常不是好事。我既没有足够的信心去想我能够成功，也没有足够的勇气去忍受万一不成功而获得的痛苦。"

虽然曼德拉在那个房子里住了整整一年，但也没有表露自己对迪迪的那种火热又复杂的情感。最终他只有怀着对她的友谊与对她全家的感激离开了。他本以为这一别就再也不会跟迪迪相见了，但是当他在约翰内斯堡当律师的时候，有一天他接了一位未婚先孕的年轻女士的诉讼，这位女士就是迪迪。她面容憔悴，衣着也不再光鲜靓丽，她说自己的男朋友一直不肯与她结婚。

曼德拉感到震惊和难过，他无法想象事情会发展到这一步。不过后来迪迪没有起诉她那位极不负责的男朋友，经过一番思考后，迪迪最终选择了离开。自从迪迪离开律师事务所之后，曼德拉就再也没有见到过她。

生活需要浪漫，但缺少面包的生活却很难得到浪漫。想通了这一点之后，曼德拉终于开始自立，并且渐渐适应了城市生活。有一天他突然发现，自己的生活和发展早已不必依靠王室关系或家庭支持了，他已经靠一个底层人物的身份建立起了自己的关系圈。他在约翰内斯堡有了一个家，尽管房子极其简陋、家徒四壁，但好歹是自己打拼的结果。

他感到很欣慰，因为他长大了。

苦难生活，点燃自由意识

就在年轻的曼德拉逐渐在约翰内斯堡立稳脚跟的时候，一直惦记着他的摄政王容欣塔巴，于1941年年底来到了约翰内斯堡。曼德拉已经不再叛逆，他也成了一个年纪虽尚小，但是却很有担当的男人，因此他怀着不安和歉意去见这个监护人。

曼德拉见到容欣塔巴的时候，突然发现他也有了很大的变化。他看上去更为苍老了，说话的语调缓慢且充满着岁月磨砺的沧桑味道。他没有提及往事，只是充满关怀地询问曼德拉的学业进展情况以及今后的打算。容欣塔巴表示很欣慰，因为他看到曼德拉已经开始独立地走在人生的路上。虽然这条路与自己给他规划的截然不同，但部落已经不能束缚他。容欣塔巴接受了这个现实，明白自己已经完成对曼德拉的监护了。

容欣塔巴来约翰内斯堡探望了两个曾经叛逆的年轻人后不久就去世了。曼德拉和佳士提斯得到消息后，悲痛欲绝地赶回特兰斯凯，但是很遗憾，他们没有赶上葬礼。曼德拉心中非常愧疚，不过好在他已经知道容欣塔巴早就原谅了他年少时的轻狂作为。

宽容是非洲传统领导人的优秀品质，曼德拉从容欣塔巴的身上继承了这一传统，并在以后的人生与政治道路上一直加以运用。而后，曼德拉回到了约翰内斯堡继续自己的生活。经过一年多的函授学习，他于1942年年底通过考试，获得南非大学的学士学位。1943年年初，他又获得福特黑尔大学毕业文凭。

在这之后，曼德拉为了成为一名专业律师，考入了以开明著称的威特沃特斯兰德大学法律系，攻读法学学士学位。这所学校在南非非常著名，也是在约翰内斯堡市内以英语教学的名牌大学。

曼德拉进入法律系后发现自己是唯一的黑人学生，他第一次和白人学生一起上课，感到很不适应，而且有些恐慌。因为虽然当时已是20世纪40年代，但是白人至上的种族主义意识还很普遍。也许学校内有的英裔白人比较开明，但是不可否认的是绝大多数白人仍然存有肤色偏见。

有件事情让曼德拉印象深刻。一天，他因为上课迟到，进教室后就来不及择位，坐在一个白人学生旁边，结果这个学生立即起身换了个位子。这表明了当时的南非白人对黑人的歧视。曼德拉处在这种境地不得不处处谨慎。

相比学生而言，一些老师也给曼德拉留下了很深刻的印象。比如，当时教他法律的哈罗先生在他看来就是一个严格而聪明的人。哈罗先生不允许自己的学生有过多的独立性。当他谈到女人和非洲人的时候，一直坚持着一种让很多人无法接受的法律观点。他认为女人和非洲人不应该当律师，而原因则是法律是社会科学，而女人和非洲人的大脑没有受过足够的训练，不能掌握错综复杂的法律内涵。

哈罗先生曾经私下里找过曼德拉，说一个黑人不应该在威特沃特斯兰德大学学习，而是应该通过南非大学取得学位。而当时曼德拉虽然对这种观点持不赞成态度，但他却发现自己无法证明这些观点是错误的。因为他已经切身体会到了一个黑人学生在学校里有着怎样凄惨的处境。

当然，曼德拉在威特沃特斯兰德大学并不是完全被孤立的，他还是找寻到了一些完全没有种族偏见的白人，这些人大多数都是南非共产党的成员，其中包括乔·斯洛沃。后来，乔·斯洛沃成为了南非共产党总书记。

这些白人十分关注黑人的解放，所以他们对曼德拉也十分关心。他们经常拉着曼德拉坐下来讨论南非社会的问题和解决这些问题的办法。曼德拉对南非共产党的认识，就是从结识这些人开始的。这些共产党员唤醒了深埋在曼德拉心中的种族解放与自由意识。

在这所学校里，曼德拉还与许多印度学生建立了亲密的友谊。比如聪明、严肃、认真的伊斯梅尔·弥尔，长得漂亮、受人喜欢的 J.N. 辛格，等等。

这些朋友都对曼德拉很照顾。一天，伊斯梅尔、J.N. 辛格和曼德拉有急事要去他们在考尔沃德的住处，因为赶时间，他们乘坐了印度人能乘而非洲人不能乘的有轨电车。开车后售票员就用南非荷兰语对伊斯梅尔和 J.N. 辛格说不允许他们的"卡非尔"[①]朋友乘坐。曼德拉这两个亲爱的朋友非常气愤，他们告诉售票员，说他用"卡非尔"这个词来称呼曼德拉是对曼德拉的一种冒犯。后来事情闹大了，售票员叫停了列车并喊来了警察，这三个名牌大学的学生被暂时拘禁。那天夜里，伊斯梅尔和 J.N. 辛格通过一些关系渠道，终于了结了此事。第二天，曼德拉很快被无罪释放。但是这一次经历让他看到了执法人员眼睛里的毒辣，黑人在他们眼中似乎格外刺眼。

总的来说，威特沃特斯兰德大学为曼德拉打开了一个全新的世界，这里充斥着理想、政治信仰与辩论，足以让曼德拉打开眼界并燃烧起自由意识。

---

① 指非洲黑人。

第二章
CHAPTER 2

一个自由战士的诞生

肤色虽然是天生的,但曼德拉并不认命。人生来皆是自由和平等的,黑人的命运岂能任由他人决定?曼德拉明白自己要为此奋斗,甚至是付出自己的生命,为南非的解放事业奉献自己的一生。

"非洲人国民大会"和青年联盟

"非洲人国民大会"于1912年1月7日在布隆方丹成立,最初叫"南非土著人国民大会",直到1923年才更名为"非洲人国民大会"。它是南非最大的黑人民族主义政党。"非洲人国民大会"从来不会限定任何人参加,每一个人都可以参加这个组织,许多人把这个组织看成是一件防弹衣,只要加入其中,就能得到庇护。而投身自由解放斗争的曼德拉,受到了1941年罗斯福和丘吉尔等签署的《大西洋宪章》的影响,希望南非黑人也能为反对专制与压迫而战。

曼德拉在他非常崇拜的沃尔特·西苏鲁的家中认识了黑人律师安东·莱彼得和他的合作伙伴A.P.穆达。曼德拉通过聊天才惊觉到,他们的观点竟和自己不谋而合。当时,"非洲人国民大会"已经成了缺乏战斗精神的组织,已经不再是为群众谋福利的组织了。在希尔特敦大学老师兰奈尔·马乔宝兹的建议下,他们当即决定组建一个青年组织。

1943年,曼德拉和安东·莱彼得、A.P.穆达、沃尔特·西苏鲁、奥立弗·坦博、威廉·恩考茂组成了一个代表团,前去拜见"非洲人国民大会"的主席埃克苏玛。这是一位对"非洲人国民大会"贡献很大的人,他不仅帮助"非洲人国民大会"从17先令6便士的财力猛增到400英镑,还与当时的南非政府内阁官员们建立了良好的关系。

但是，埃克苏玛在会见中表现出了傲慢的姿态。这都是来源于他所作出的贡献。而他本人也把持了代表团的选举、人员的委任等权力，所以他在会见中明显表现出了不愿意采取政治行动损害白人利益的意向。

曼德拉他们将自己想要组建青年联盟，赢得更多群众支持的意愿表达出来，并将起草的一份章程和宣言拿给埃克苏玛看。但是，埃克苏玛看了以后却坚决反对成立青年联盟，他认为青年联盟就应该依附"非洲人国民大会"。埃克苏玛说："非洲人作为一个团体，其组织性和纪律性都极差，不能搞群众运动。如果搞这样的运动，就肯定是鲁莽而危险的。"而他之所以这样反对，就是因为他感受到了青年联盟对他的威胁。

通过会面，曼德拉他们已经很清楚埃克苏玛的意见，于是只能告辞。会面后不久，在威廉·恩考茂的领导下，他们最终还是下定决心，建立了一个临时性的青年联盟委员会。1943年12月，青年联盟的委员们参加了在布隆方丹举行的"非洲人国民大会"。在会议上，他们建议成立正式的青年联盟，以协助"非洲人国民大会"招募新会员。这个建议经过商讨，最终被采纳了。

1944年，在位于埃劳佛大街的班图男士社会中心，青年联盟正式建立。当时，全部成员有100人，成员多数都是福特黑尔大学的毕业生，其成员可以说几乎都是精英，而成员中最远的还有来自比勒陀利亚的。

青年联盟成立会议上，安东·莱彼得被选为青年联盟主席，奥立弗·坦博任书记，沃尔特·西苏鲁任财政部长，曼德拉、A.P. 穆达、乔丹·思古巴内、兰奈尔·马乔宝兹、康古莱斯·穆巴塔和大卫·博帕佩则组成了执行委员会。随后，各省很快也纷纷建立起了分支机构。

当时的曼德拉对参加青年联盟仍然会有些顾虑，会怀疑政治对他有约

曼德拉和伊芙琳

束，所以他显得不够自信，甚至会有些胆怯。但这并没有妨碍他前行的脚步，反而让他认识到了黑人解放事业的艰巨。

当时，曼德拉住在西苏鲁家中，当然不仅仅只有他一个人，青年联盟的许多成员也都住在那里，以方便他们进行政治讨论。正是在西苏鲁的家中，曼德拉认识了他的第一任妻子——伊芙琳·玛斯。

伊芙琳是西苏鲁的表妹，她是一位安静而美丽的乡村姑娘，当时正在参加护士培训。她从来不会因为众人的来往而感到惊诧。曼德拉第一眼看见她就被她吸引了，他认为这样一位美丽、大气的姑娘，就该是自己的伴侣。

于是曼德拉鼓起勇气去约伊芙琳。而伊芙琳似乎也对这个小伙子颇有好感，便很爽快地应约了。两人顺其自然就走到了一起，并很快坠入了爱河。几个月后，曼德拉向伊芙琳求婚，她答应了。不久，他们在约翰内斯堡的一个教堂举行了婚礼。

矿工大罢工，反抗的序曲

　　1946年8月，曼德拉目睹了南非历史上最大的一次罢工，近7万名黑人矿工在黑人共产党员约翰·马科斯的领导下开始罢工。罢工的人仅仅是要求把矿工的工资从每天2先令3便士增加到10先令。

　　在1941年，黑人矿工的工资每个星期只增加大约一分，与其他行业白人的工资有着极其明显的差距。白人的工资涨幅是10～20倍。而黑人矿工的待遇却令人咂舌。黑人矿工不仅在请假和生病时拿不到工资，平时吃的食物还是变质的，而且从来就没有吃饱过。每天凌晨3点，他们就被驱赶着开始工作，吃到的面包仅有巴掌大小，没有午餐时间，而晚上吃的就是一锅甚至连米粒都能数得清楚的稀粥。一星期他们最多能吃上三次肉，但这些肉通常是已经变质的。

　　黑人矿工平日里休息的地方非常拥挤，一间不到60平方米的房间要睡40～80个人。房间里跳蚤滋生、污水横流，取暖更是奢望。有的矿主甚至还会使用狗和犀牛皮鞭来管理黑人矿工，因此经常会有矿工带着满身伤痕工作。

　　黑人矿工长期在这样的环境中工作，还拿着极低的工资，他们无数的诉求被忽视，在这样的情况下，他们只能通过罢工来为自己申诉。

这次罢工得到了"非洲人国民大会"和青年联盟的支持。青年联盟还专门为此次罢工印制了一份传单。传单上声称："青年联盟将无条件支持罢工者，并和他们坚定地团结在一起，矿工的抗争就是青年联盟的抗争……青年联盟要使所有的黑人工人获得能够维持生计的报酬。"

但事实上，这些传单根本没有起到什么作用，"非洲人国民大会"和青年联盟没有自己的渠道对外宣传他们的政治主张，而且显然"非洲人国民大会"主席埃克苏玛也不愿意对这次罢工投入更多的经历和同情。

曼德拉有一些亲戚在金矿上工作，在罢工期间，曼德拉看望了他们，与他们讨论了一些问题，并表达了对他们的支持。当时，曼德拉还和矿工工会领袖约翰·马科斯一起，走访了几乎所有的金矿，和矿工们进行了深谈，并商议了相关的应对策略。

马科斯不仅是矿工工会的领袖，还是德兰士瓦"非国大"和共产党的领导人，在与矿工的交谈当中，马科斯表现出了冷静而理智的领导才能。为了建立更为广泛的联盟，为了让黑人的险恶处境得到好转，曼德拉甘愿与他进行合作，尽管曼德拉认为共产党是一个由白人领导的政党。

马科斯的矿工工会组织非常严密，对每一个成员都实行了较为严格的管理，这给曼德拉留下了非常深刻的印象。就共产党而言，虽然从1920年开始接纳了多种族成员，而黑人在其中也占了相当大的一部分比例，但实际上很多领导权仍由白人掌控。因此，相对于共产主义，曼德拉更倾向于非洲民族主义。

罢工行动一经开始就迅速蔓延开来，很快，各个矿工营地就联合起来，矿工们团结一致，坚持罢工了一个星期。约7万名矿工拒绝开工，整个挖矿行业一度陷入瘫痪。矿工们的这一行为将政府激怒了，他们开始了野蛮的报复。

政府将领头的工人抓获，矿工大院被警察包围了，就连矿工工会的各个办公室都遭到了破坏和洗劫。进行游行的工人被警察野蛮镇压，当场就有12名矿工遇害，还有为数众多的工人受了伤，矿工工会也被政府取缔了。

最终，政府以其蛮横的手段占据了上风，罢工被镇压了。52名参加罢工的共产党员和非洲矿工工会会员遭到逮捕，其中包括摩西·考特尼和马科斯。开始时，政府指控他们"秘密煽动罢工"，后来又被指控为挑动叛乱。但因为缺乏罪证，最终他们并没有被判决。

通过这次罢工，曼德拉和马科斯建立了亲密的关系。曼德拉经常去马科斯家中拜访，一起讨论有关政治的问题。在这次罢工中，共产党员表现出来的非凡组织能力和在审判中表现出来的大无畏精神，给曼德拉等青年激进派留下了深刻的印象。但是，曼德拉对共产党的疑虑并未消除。

就在1946年，曼德拉的第一个儿子马迪巴·桑贝基勒降生，这为曼德拉带来了一段温馨的家庭生活。

阴云笼罩，国民党倒行逆施

1948年，南非进行白人大选。之所以被称为白人大选，是因为占南非总人口75%的黑人并没有权利参加选举。

在荷兰归正会的前牧师、报社编辑丹尼尔·马伦领导下的国民党，公开同情纳粹德国，甚至在参加竞选的过程中，打出了"黑人们留下来""苦力们滚出这个国家"等明显排斥黑人的标语。

南非国民党是一个充满了仇恨的党派。在英国，南非国民党成员遭受到了许多不平等的待遇，甚至一直被英国人当成次等人对待，因此他们对英国人充满了仇恨。黑人对于国民党来说，就相当于是一个可以让他们发泄仇恨的种族。他们认为黑人是对南非白人文化的威胁，黑人的存在是对南非文化的玷污。

因此，马伦一直以种族隔离为理论，而这一理论的依据就是归正会的宗教理论，里面指出"白人至高无上"。他们认为白人是上帝选择的人，而黑人则是白人的附属。

在大选中，土著人问题成为政治争论的焦点。而国民党更是对扬·克里斯蒂安·史末资领导的南非统一党进行了严厉的指责。他们认为统一党对黑人的统治不彻底、不强硬，才会让黑人的力量在白人的世界中任意滋长。南非国民党的种族主义宣传，让其得到了不少选票。最终大选结果出来了，国民党以微弱优势赢得了选举。从此，南非进入了历史上最黑暗的种族隔离时期。

大选结果揭晓后，马伦立即进行表态，他说："实行种族隔离制政策将使非欧洲人有'更大的独立性……如同有更好的机会来按照他们自己的性格和能力自由发展一样'。"南非国民党政府上台后在短短3年里，通过一系列的种族隔离政策和歧视的法律，将南非推入了黑暗的深渊。

国民党赢得选举，令"非洲人国民大会"和青年联盟受到了极大的震撼。他们明白这是一个布尔人[①]的党，是为了竭尽全力剥夺非洲人权利的一个党派。当曼德拉和奥立弗·坦博听到国民党赢得大选的消息后，他们预感

---

① 布尔人，又称阿非利卡人，南非和纳米比亚的白人种族集团之一。

到今后的镇压会更严厉。在马伦上台短短几周的时间内，就赦免了罗贝·雷布朗特这个曾经组织叛乱、支持纳粹德国的叛徒。国民党政府还企图限制商会运动，甚至要废除印度人、有色人种和非洲人有限的权利。

在这种形势下，南非国民党政府颁布了一系列种族隔离法令，有《选民分离代表法》《禁止通婚法》《不道德行为法》《人口登记法》《社团区域法》等，彻底剥夺了黑人的政治、经济权利和居住、行动的自由。为了限制"白人区"内黑人的数量，国民党政府还实行严格的《通行证法》。在这种限制下，就连妇女儿童也不能幸免。国民党企图以此来保持白人的生活方式和布尔人的民族特征。

国民党政府还制定了南非特有的、宣布个人为非法的法律，而一个人一旦被宣布成为非法的人，政府就严禁他加入任何组织，其自身的行动还会受到警察的管制，更谈不上言论自由了，甚至这些人只要违反法令，就可以不经审判而被关押。

面对国民党政府的强大威胁，"非洲人国民大会"作出把组织变成一个真正的群众组织的决定，这一决定使"非国大"实现了里程碑式的转变。而非洲人也更加迫切地认识到自己的困境和斗争的必要。同时，青年联盟提出了新的行动纲领，并为纲领的实施提供了一项切实可行的计划。其目的就是达到"民族自主"，能够从白人统治下获得自主并达到政治上的独立。

在黑人群众运动和青年联盟的推动下，"非洲人国民大会"在1949年制定了《行动纲领》，提出了"民族自决""反对任何形式的白人统治"等政治口号，并决定冲破国民党政府的偏激统治，采取抵制、不服从、不合作的方式，发动罢工和群众运动，以反对白人政权强化种族主义统治。

与此同时，一批青年领导人被选进"非洲人国民大会"的领导机构。西苏鲁成为"非国大"的总书记，坦博和曼德拉进入全国执委会。1950年，曼德拉又被选为"非洲人国民大会青年联盟"的全国主席,迅速崛起为黑人运动中一位出色的青年领袖。

引领众人,为自由而战

国民党政府的种族隔离制度,给非洲人带来了空前的灾难。身处南非的印度人和"有色人",也先后被剥夺了选举权,而其他的权利也被剥夺得所剩无几。在政治上,他们可以说是毫无权利。正是因为种族隔离,印度人与非洲人迅速地团结了起来。

在"非洲人国民大会"1949年发布的《行动纲领》的感召下,群众运动、罢工相继展开,并有大肆发展的势头。1950年5月,在德兰士瓦省的"非国大"、印度人大会、"有色人"的非洲人民组织和南非共产党地区委员会的号召下,在"五一"节进行了一次全面罢工。尽管白人政府并不允许出现集会、游行这样的情况,但是当天还是有大多数的非洲工人没有去工作,而是待在家中,这样可以有效避免直接冲突,避免流血事件发生。而他们这样做的目的就是让当局取消《通行证法》及其他种族歧视法令。尽管已经尽量在避免冲突了,可还是有18名非洲人被警察杀害。

与此同时,黑人城镇的居民也采取了抵制苛捐杂税、反对物价上涨的抗议。针对这一时期的集会、游行,国民党政府颁布了《镇压共产主义条例》,开始有针对性地对付共产党人和犯共产主义罪的人。

Part 2
黄金之都：身许自由之路

1949年，青年联盟推举詹姆斯·莫罗卡为"非洲人国民大会"主席候选人，后者击败埃克苏玛当选为主席。从左至右："非国大"领导人詹姆斯·莫罗卡、"非国大"青年联盟领袖曼德拉和南非印度国大党尤素福达多博士。图为他们在约翰内斯堡法庭外

国民党政府对共产党的镇压，让其余的党派和种族加强了团结与合作。曼德拉也赞成建立统一战线，他认为只要政府镇压任何一个解放组织，就会对整个解放组织造成了打击。而坦博对国民党的镇压行动发表了自己的看法，他说："今天镇压的是共产党，明天就会是我们的工会、我们的印度人大会、我们的非洲人民组织、我们的'非洲人国民大会'。"最终，坦博的话应验了，短短10年时间，南非所有的解放组织都被国民党政府镇压或取缔了。

1950年6月26日，"非洲人国民大会"及印度人大会、非洲人民组织决定，举行全国抗议活动，反对国民党政府杀害非洲人，并对《镇压共产主义条例》进行抗议。曼德拉是这次活动的主要组织者之一。

进入"非国大"执委会后的曼德拉，思想也比以前成熟多了。曼德拉明白自己所担负的重要责任，所以他从来不会畏畏缩缩，他开始站在运动的最前沿，起着引领众人的作用。在6月26日全国抗议活动开始前的准

备阶段,"非国大"总书记西苏鲁到全国各地了解情况。自然,曼德拉就暂时接替了他的工作,在"非国大"总部主要负责协调各地区的工作,以便能将准备工作做到最好。6月26日的这次运动意义重大,它不仅是"非国大"第一次组织的全国性的政治罢工活动,也是曼德拉第一次参与组织的全国性的群众运动。这对曼德拉来说,是政治道路上举足轻重的一步。

在6月26日的抗议活动中,绝大多数的工人都参加了。这次抗议成功地提高了民主力量的士气,也充分展示了黑人反抗者的力量,给国民党政府带来了极大的冲击。从此以后,6月26日就被定为"南非自由日"。

在这次罢工中,上千名印度工人被解雇,但是他们并没有丧失斗志,反而表现得更团结,这让曼德拉十分感动。而共产党人在斗争中所表现的大无畏精神,最终成功地让曼德拉消除了他对他们的戒心和排斥,他与他们的合作也因此显得更为密切。与此同时,《共产党宣言》和《资本论》对曼德拉也产生了巨大的影响,他想要实现无阶级社会,把南非建立成一个自由的国家。

曼德拉年轻的时候认为接受共产党人加入"非洲人国民大会",以及"非洲人国民大会"在一些具体问题上与共产党人

1950年前后,时任"非洲人国民大会"领导人之一的曼德拉,穿着短裤、T恤,戴着拳击手套,正做出拳击的姿势

的密切合作，会冲淡非洲民族主义的观念，并最终被共产主义观念所取代。所以，他在"非国大"的青年联盟中曾经提议把共产党人开除出"非洲人国民大会"。但是他的这个提议却遭到了绝大多数人的反对。不可否认的是，这对曼德拉的打击不小。

但是，"非国大"的一些抱有很保守的政治观点的非洲人却成功地说服了曼德拉。他们认为"非洲人国民大会"的成立和建设，从一开始就不是只容纳一派政治观点的政党，而是作为非洲人民的议会，接纳具有各种政治信仰的人，在民族解放的共同目标下团结起来。这让曼德拉认识到了自己的偏见，从此他开始纠正这一错误观点。

第三章
CHAPTER 3

非洲是非洲人的

当曼德拉等人梦想着非洲大陆的复兴并为此而努力时,政府将种族隔离发展成了南非人民的灾难。民族处于被压迫的状态,沉默已然不能被人们苟同。曼德拉心中燃起了摧毁种族隔离制度的信念,他要让南非的黑人们重获自由,让非洲赫然新生。

用心险恶的班图斯坦计划

面对第二次世界大战后越来越蓬勃发展的非洲民族解放运动,从20世纪40年代末开始,南非政府的白人统治集团,开始改变统治非洲人民的方式。以南非种族问题委员会推出的"班图斯坦计划"为蓝本,开始逐渐实行一系列分离南非国土之内的白人与黑人的政策,并颁布了诸多镇压人民反抗的法律。

班图斯坦计划的核心,是将南非人口比例高达71%的黑人,限定在全国仅有12.7%的"保留地"之上,而仅占人口16%的白人,则拥有全国土地的87.3%。再通过政治上的手段掌控保留地内的黑人官员,达到白人群体永久掌控南非的土地以及财富的目的。

班图斯坦计划的实施大体可分为以下三个阶段:

第一阶段是部落自治阶段:自1951年起,依据议会通过的《种族隔离法》和《班图立法会议条例》,264个保留地分为632个"部落自治单位"。这一阶段可称为计划的孕育阶段。

第二阶段是部族自治阶段:1959年,南非政权制定了《班图自治法》,所有保留地逐渐并为8个班图斯坦,至1979年扩至10个,1963年通过特兰斯凯《班图斯坦宪法》,成立地方政府。

第三阶段是班图斯坦独立阶段：以 1976 年特兰斯凯宣布独立为标志。

班图斯坦计划的核心理论是"黑人家园制"，在这一制度下，所有的"班图人"即黑人，只能在保留地之内生活，一旦离开保留地，或者进入白人聚居地区，他们将丧失一切公民权利，若想能暂时性地留在保留地之外的，则必须以提供劳动力的方式为代价。

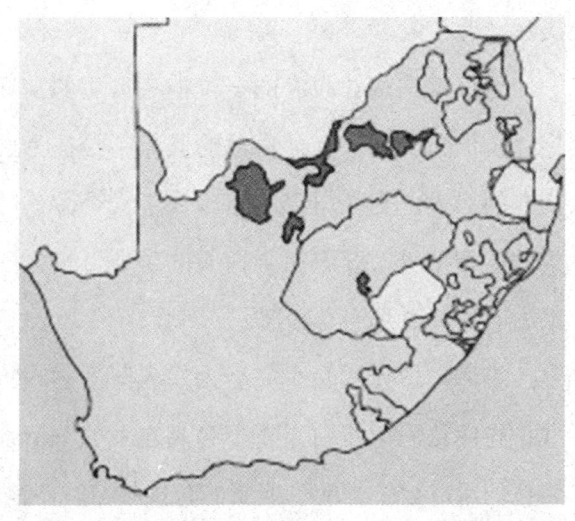

南非白人种族主义建立的第一个班图斯坦（黑色部分）

然而在班图斯坦计划中，给予黑人的仅占全国 12.7% 的土地，大多数的保留地都贫瘠缺水，最乐观地估计，也仅仅能养活保留地内 1/4 的人口。为了维持生存，大量的黑人劳动力离开保留地，前往保留地之外的白人地区，最终他们成为白人资本家和农场主的廉价劳动力，在矿厂或者其他危险的地方受到残酷盘剥。

南非种族问题委员会表示，从此南非的欧洲人与非洲人，可以分别独立发展，消除种族冲突、保持种族关系，并且这是唯一有效的途径。

南非前总统沃尔沃德表示："让南非，我们的统一的国家，变成了一个分割成众多邦国的支离破碎的局面，如果有一丝可能我们当然是愿意避免的。但是允许黑人独立，确实是他们寻求他们所宣称的自由的唯一办法。"

对于班图斯坦计划，曼德拉一针见血地指出，建立和巩固保留地制度的真正目的是要使保留地的农民大众更缺乏土地，另一个目的则是创造一支流动劳工大军。

这仅仅是南非政府的一个彻头彻尾的骗局,它实际上只是给黑人一个在"自己国土"上管理自己的假象,是在为白人资本家们储备劳动力。而南非的黑人,则在自己的国家成了一个游荡的"外国人",要么被困在贫瘠的保留地里,要么来到白人的领地,丧失一切政治权利,成为低贱的劳动力。这简直是用心险恶。

班图斯坦计划是个完全为白人服务的政策,它冠冕堂皇地以法律的形式,光明正大地将白人置于高高在上的统治地位。它彻底抛弃了黑人,只将他们看成被统治的、需要的时候招来,不需要了立即踢走的廉价劳动力。

反对种族隔离,自由艰难行

20世纪50年代是南非政治历史上的一个分水岭,这一时期也决定了南非未来的命运。白人政府对黑人的压迫开始变本加厉,他们强行实施严苛的种族隔离政策,甚至还颁布了一系列不平等的法令,对黑人进行残酷的压迫和剥削。这时,曼德拉和青年联盟及其同盟奋起抗议,旨在捍卫黑人的各项权利,消除种族隔离和歧视。

在所有的抗议活动中,曼德拉是引人注目的焦点,他领导了很多大规模的抗议活动。到了20世纪50年代中期,曼德拉已经成为南非最卓越的政治领袖之一,他以强有力的姿态,赫然出现在了人们的眼前。

作为捍卫黑人权利的领导者,曼德拉的声望日渐提升,这当然是由于他出色的领导才能,而他律师的身份也为他赢得了极高的声望。曼德拉进入"非洲人国民大会"执行委员会后,得到了充分的锻炼,使得他的领导才能、组织能力等得到了更大的提升。

1950年,南非国民党政府颁布了《社团区域法》,划分出独立的区域,迫使黑人必须居住在指定区域中。1953年,政府又颁布了《保留福利设施隔离法》,规定禁止黑人与其他种族接触。《班图建筑工人法》更是规定了黑人从事的工作,禁止黑人从事未指派的工作,否则就是触犯法律。同年,《黑人劳动法》颁布,将黑人的罢工权利也剥夺了。

与此同时,国民党政府还颁布了其他一些苛刻的政策,几乎将黑人的权利全部剥夺,就连最基本的选举权和被选举权都被剥夺了。自此,种族隔离的缰绳将黑人越勒越紧,让黑人到了窒息的地步。

1953年,南非政府通过了《班图教育法》,将种族隔离发挥到了极致。这部法律的颁布将非洲人的教育管理权从教育部转

1952年,反种族隔离活动家、律师曼德拉在他和奥立弗·坦博创办的法律实践办公室里。曼德拉和奥立弗·坦博创办该法律办公室旨在在约翰内斯堡为黑人提供免费或费用低廉的法律援助

移到了当地的事务管理局，其目的就是将白人的地位再提高，这是在教育上继续对黑人实行歧视的一种手段。

《班图教育法》一经颁布，立刻引起了"非洲人国民大会"的重视。他们认为政府颁布这部法律是居心不良，目的就是阻止非洲文明的进步。这部法律的颁布不仅扼杀了自由斗争，还阻断了非洲人智力的发展。这样的种族举动，引起了非洲人及各组织的强烈反对。

当时，所有的基督教教会都反对《班图教育法》的颁布，但并没有采取反对的行动，而英国国教会采取了坚决抵制的政策。约翰内斯堡大主教安布罗斯·里夫斯紧随其后，将自己的学院关闭。但是，事情也并没有因此而止步，政府并没有作出让步，而是强行实施这一法律。

尽管"非国大"对《班图教育法》进行了抵制活动，但局势太复杂，有许多学龄儿童仍因此受到了影响。最终，在抵制行动的压力下，政府在1954年11月起草了教育大纲，对原先根据种族改造教育体制的主张做出了让步。

但是，政府的让步对黑人的不利影响并没有削减。"移民先驱纪念馆"宣扬了白人至上主义；很多书籍在政府的规定下，成为了禁书；《通行证法》变本加厉，让黑人毫无自由可言。

《班图教育法》让黑人学生深受其害，《大学教育法案》规定：禁止黑人学生进入白人大学学习，并产生了有明确种族名称的教育机构。而恰恰是由于实行这些区别教育，才在20世纪70年代出现了愤怒、叛逆的黑人青年。

这一系列法令的实施，让黑人陷入了恐慌，使黑人的心理受到了严重伤害。而这些措施的推行，最终促使曼德拉带领着黑人以及其他南非人进行共同抗议。不久，曼德拉就领导了大规模的反抗种族隔离的斗争。

经过这些事后的曼德拉，在"非国大"的支持率猛然上升。随后，他取代了祖马，成为"非国大"全国执行委员会的委员，在1951年更是升任为青年联盟的主席。1952年，他被选为德兰士瓦省的主席，而该省有"非国大"最大的支部组织。

由于几年来曼德拉的"出色表现"，1953年9月，南非政府对曼德拉下了禁令，禁止他参与一切活动和会议，甚至还尝试使用非常手段迫使他辞去在"非国大"的职务。尽管如此，聪明的曼德拉知道利用自己律师的身份来发表言论。

此后，曼德拉开始利用写作，为媒体和"非国大"撰写政治类文章。这一时期的曼德拉，仍旧以自己的方式，对处于困境的同胞们给予关心和支持。

蔑视不公正法令运动

1952年年初，"非洲人国民大会"和印度人大会通过决议，决定共同发起"蔑视不公正法令运动"。而曼德拉由于其出色的表现，理所应当地被指定为"全国志愿者总指挥"，负责此次运动的指挥工作。

在开展运动的决议下来之后，曼德拉进行了周密的准备工作。他跑遍南非全国各大城镇和黑人聚居区，尽自己最大的努力来发动群众，并为此次活动的开展征寻志愿者的意见。此时，"非洲人国民大会"领导层也没有闲着，他们向国民党政府发出最后通牒，要求国民党政府在 1952 年 2 月 29 日之前，取消之前颁布的各项法令，如《镇压共产主义条例》《种族住区隔离法》《通行证法》等。如果逾期仍没有取消，"非洲人国民大会"将会组织群众进行示威游行。

但是，马伦领导的国民党政府并没有把他们的警告当一回事，相反，他们还很严厉地拒绝了"非国大"的要求，并声称他们是在维护白人的权利和特性。同时，他们也向"非国大"表示，如果进行示威游行，就将之定性为动乱，他们会毫不犹豫地动用全部武力进行镇压。民主运动似乎已没有其他的选择了。

为了能让国民党政府妥协，"非国大"决定利用舆论向政府施压。于是，"非洲人国民大会"和印度人大会开始在各地组织群众集会。1952 年 4 月 6 日，南非白人正在庆祝赞·范里贝克的船队到达好望角 300 周年。"非洲人国民大会"和印度人大会利用这次机会，在全国发起呼吁，全国各地相继出现了群众集会和抗议活动。而这些集会和抗议活动，无疑让黑人们的情绪高涨，他们开始愿意为运动出力。

1952 年 6 月 22 日，在伊丽莎白港，近 5000 人参加了集会，为"蔑视不公正法令运动"作最后的努力，好动员更多的人参与其中。这一天，德班的非洲人、印度人团结到了一起，他们一起高唱自由歌曲、宣誓、祈祷，期望这次运动能成功。这是非洲人和印度人第一次共同采取的政治行动。

曼德拉从约翰内斯堡赶到了德班，他在这次大会上发表了演讲。他声情并茂地发出号召，希望人们积极参加到此次的"蔑视不公正法令运动"当中，他说："现在我们可以宣布，这个国家的'非欧洲人'的团结，已经成为活生生的事实。"

"蔑视不公正法令运动"在 1952 年 6 月 26 日正式开始了。这一天清晨，运动首先在伊丽莎白港进行，这是对《种族住区隔离法》的挑战，也是为了争取黑人的地位发起的"战斗"。而帕特里克·邓肯成为第一个蔑视种族隔离法的白人。在东开普地区，在"非国大"领导人穆拉巴带领下的运动也开始了。30多名志愿者唱着自由之歌，向白人的特权发起挑战，他们在原地等待警察逮捕他们。

约翰内斯堡的抗议活动原计划是在中午开始，但是却出现了突发事件。预定要带队的坦希牧师突然提出要退出此次活动，原因是自己身体不适，而当地的"非国大"领导人这时也不见了踪影。事出突然，曼德拉等组织者当机立断，请到了德兰士瓦省印度人大会主席纳纳·锡塔来带领志愿者进行此次活动，由西苏鲁协助锡塔开展工作。

50多名非洲人和印度人集结在一起，在锡塔和西苏鲁的带领下，准备进入一个被国民党政府划为白人区域的城镇。可是到达城镇隔离墙入口时，大门却紧锁着，大门后面有许多警察守卫着。志愿者们毫不在意这种情况，他们团结在一起，唱着歌，士气很高。因为当时还有几百名记者和围观者，警察未敢采取行动。警察的行为让曼德拉感到困惑，因为警察从未这样克制过。正当曼德拉陷入思考当中时，大门突然被打开了。志愿者们在西苏鲁的带领下，毫不犹豫地进入这座白人城镇。但出乎意料的是，警察立即就开始抓人了。

当天，"蔑视不公正法令运动"在各大城市竞相展开，黑人们在行动中，专门挑选当局划分的白人领域进行示威游行，而志愿者的行动也得到了群众的支持。

1952年6月26日晚上，曼德拉和此次行动的其他几位领导人召开了一次会议，主要是讨论白天要采取的行动，并为下一步工作安排相应的措施。这次会议一直持续到了午夜。会议结束后，就在曼德拉和他的副手毛尔维·卡恰利亚往回家赶的路上，他们被一个警察拦下了，因为他们俩违犯了宵禁令。随后，他们被关押了起来。

第一天的"蔑视不公正法令运动"结束后，全国总共有250多名志愿者被抓入了监狱。但是这并未影响整个抗议队伍的团结，运动依然按照计划有秩序地进行着。各大城市的工人、职员、医生、学生等，都参加到志愿者的行列当中，蔑视不公正法，并自愿被捕。同时，非洲人与印度人在斗争中加强了团结，甚至一些白人也自愿参加到蔑视种族隔离法令的运动当中。而受政府压迫的不少黑人警察，也暗中支持群众的斗争。

在随后的5个月中，一共约有8500人参加了此次运动。他们高唱着："嗨，马伦！打开监狱门，我们要进去。"不仅仅是各大城市，就连农村地区也开始了反抗运动。此时，"非洲人国民大会"的会员从2万人猛增到了110万人。历时6个月的"蔑视不公正法令运动"，虽然没有达到迫使白人政府取消种族主义法令的目标，但是却取得了惊人的政治成果。

1952年7月30日，就在反抗运动进行到高潮的时候，身处律师事务所的曼德拉被警察逮捕了，他们给他安的罪名就是违反了《镇压共产主义条例》。与曼德拉同时被逮捕的还有各地反抗运动的几位领导者。

1952年12月2日，被逮捕的"蔑视不公正法令运动"的领导者被法官根据《镇压共产主义条例》，罗织了一系列"莫须有"的罪名，最终他们被判处9个月的监禁，缓期两年执行。同月，在"非国大"代表大会的年会上，艾伯特·卢图利酋长被选为主席，曼德拉被选为副主席。但在年会召开的前几天，"非国大"在全国的52名领导人均接到了南非政府的禁令，政府禁止他们参加集会。而曼德拉也在这52人之内，就连他孩子的生日聚会也被禁止参加，他的活动被限制在了约翰内斯堡地区，所以他没能参加此次年会。但是有人却将年会的情况告知了他。曼德拉预料到政府必将会对"非国大"采取行为，于是他建议"非国大"的全国执行委员会建立一个预防方案。

当即，全国执行委员会就将这一艰巨任务交给了曼德拉，让他起草一个能使"非国大"在地下也能运作的方案。这个方案被人们称为"曼德拉方案"，简称"曼氏计划"，也有人称之为"M-计划"。

通过这个方案，即便是"非国大"被政府镇压，转入地下，也一样能继续发挥作用，最高领导层的决议也能迅速传达到"非国大"的每一个分支组织当中。而开展这个方案，被下达禁令的领导人，能够继续自己的领导工作。

几个月后，这个方案的起草工作总算完结。这个方案既能保持会员的积极性，又适合所有的分支机构，十分详尽。方案一经采用就立即投入实施。尽管方案构思很好，但实施的效果并不理想。该方案的宣传力度不够，没有专人负责监督实施，还造成了部分分支机构的意见分歧。因此，当政府真正采取行动的时候，准备还相当不足。

自由宪章，新南非宪法的雏形

在自由运动和摆脱殖民主义的独立运动进行得如火如荼的时候，印度获得独立的消息传来了，这对曼德拉的影响很大，让曼德拉的内心久久不能平静。曼德拉认为，非洲最终也能走向这样的时代，成为独立、自由的国度。

1953年，Z.K.马修斯教授在开普举行的一次"非洲人国民大会"年会上发表讲话说："我不知道是否'非洲人国民大会'考虑召开一个全国大会为将来的民主南非起草《自由宪章》的时候已经到来。这个大会要代表南非所有的公民，不管他是什么种族、肤色。"

1953年9月21日，曼德拉在"非国大"德兰士瓦省支部作了工作报告，这次报告让曼德拉得到了更多的支持，也点燃了在场听众的爱国之心。但是政府知道这个消息后，再次对曼德拉下达了禁令，让他6个月内不得参加各种会议。

曼德拉被施以禁令，是因为他们支持民众追求自由，不停地反抗种族歧视，支持不分种族、肤色、性别和语言的人享受基本人权。在谈到非暴力不合作运动时，曼德拉认为此时的民众已然觉醒，将要开始为国家的种族斗争作出贡献。

几个月后，"非洲人国民大会"全国会议收到了提案，要求建立一个人民大会政务院。人民大会准备制定一套建立新南非的宪章，新宪章将听取人民的建议。而这个新宪章，将会成为一个来自人民的文件，也代表着人民的期望。

此后，全国行动委员会邀请所有追随者组织及其成员对《自由宪章》提出自己的建议。他们制作了相关内容的传阅函，南非全国的所有城市、乡镇和村庄都是他们发传阅函的地点。传阅函中这样写道："如果让你制定法律的话，你会怎么办？你会用怎样的方式把南非变成所有人的幸福乐园？"有的传阅函中还写道："我们把南非的黑人和白人都称为南非人，让我们一起自由！"

被这样富有激情和鼓舞力的传阅函激励，许多人民开始提出自己的建议。"非国大"收到的建议简直是五花八门，有写在餐巾纸上的、有写在作业本上的、有写在传阅函背面的、有写在布条上的……而这些建议，让"非国大"非常震惊和欣喜，因为有些建议甚至比领导人的建议更为高明。

1955年，南非政府在国际上可谓是"名声在外"。因为南非国民党政府强制实行的种族隔离制度，早就已经臭名昭著。尽管政府在政治方面有足够的掌控力，但是曼德拉等"非国大"领导人的坚决斗争，正在逐步剥夺他们的掌控力。但这并没有引起政府高层的反思，相反，他们依旧不承认自己的权力和尊严已经彻底丧失，还在继续实行着种族隔离制度。最终，面对冷漠的国民党政府，"非国大"及其同盟决定建立人民大会，曼德拉也积极地参与到组建工作当中。不出所料，他们提出的《自由宪章》被人民大会采纳了。

1955年6月25～26日，人民大会在约翰内斯堡西南数公里之外的克里普顿举行。在这两天，约有3000多人不顾警察和政府的威胁、恐吓前来参加此次大会，并为《自由宪章》投了赞成票，其中包括300多名印度人、200多名有色人和100多名白人。

曼德拉来到会场，看着志愿者们迎接每一位代表。会场上挂着的"我们终身自由，斗争万岁"的标语让曼德拉深受感动，他仿佛看到了自由的明天正在逐步到来。《自由宪章》反映了大多数南非人民的诉求。他们在大声宣读《自由宪章》的时候，总会引起人们的高呼。

《自由宪章》以这样的号召语结尾："让所有热爱人民和国家的人和我们一起发誓，我们将肩并肩地为自由而战斗，可以牺牲我们的生命，直到我们最终获得自由和解放！"这样具有号召力的语言，让在场的众人情绪激昂。

在进行《自由宪章》的最后投票时，一群荷枪实弹的警察冲了进来。

甚至有警察抢过麦克风宣称参与会议的众人有谋反的嫌疑。警察没收了文件、照片，并在会场周围布置了警戒线。接着，警察开始一一盘问起来，并记下了参与会议的人的名字。

尽管这次人民大会遭到了破坏，但是《自由宪章》的问世却将人们的平等意识空前提升了。第二年，曼德拉在大会联盟的《解放》杂志上发表了一篇文章，他认为，如果继续努力下去，"《自由宪章》就会成为现实生活的一部分，我们将消除分歧，并在有生之年实现我们的南非之梦"。在后来漫长的监禁生涯中，《自由宪章》成为了曼德拉的行动准则和希望所在，并为他提供了支撑下去的动力。

家庭破碎，使命更巨

1955年，曼德拉的妻子伊芙琳向曼德拉下达了最后通牒，要让他在自己和"非洲人国民大会"之间作出选择。这让曼德拉十分无奈。

其实早在几年前，他们之间的感情就出现了裂痕。伊芙琳加入了名为"瞭望塔"的组织，该组织属于"耶和华见证人"教会的一个分支。伊芙琳对此投入了很大的热情和精力，甚至想要促使曼德拉从献身自由的斗争当中转到献身于上帝中来。

但是曼德拉并没有依照伊芙琳的意思加入其中，相反，曼德拉产生了一种观念，认为是伊芙琳在强迫自己。因为这样，曼德拉开始对这个组织敬而远之。此后，伊芙琳又开始产生让自己的孩子信仰宗教的想法，她开始带孩子去听宗教演讲，甚至让孩子们在城里帮助分发教会的宣传手册。

同时，伊芙琳认为曼德拉始终如一地投身于"非洲人国民大会"和自由斗争，这让她很烦恼，她认为这种行为是幼稚的。她想要曼德拉回到家乡特兰斯凯，只要他们回去，她计划让曼德拉当律师，这样曼德拉就不会再迷恋政治了。

在这个问题上，曼德拉和伊芙琳发生过许多次的争吵，无论曼德拉怎样解释政治对自己的重要性，都不能让伊芙琳接受。对孩子的教育问题，他们两人也争吵过。伊芙琳想要孩子们信仰宗教，而曼德拉则认为孩子们应该关心政治。

这些争吵并没有得到很好的解决。在之后的很长一段时间里，曼德拉的工作日程被排得很满，他每天差不多都是清晨出门，一直要到深夜才会回到家中。作为领导者，曼德拉总有各种会议要参加，而伊芙琳却丝毫不能理解。

有时候，曼德拉回家晚了，这时的伊芙琳甚至开始怀疑曼德拉去找别的女人了。曼德拉向伊芙琳一次又一次地解释着，可是她一直都不曾相信过，她认为这是曼德拉的借口。夫妻之间缺乏基本的理解和信任，最终才让伊芙琳向曼德拉下达了最后通牒，要他作出选择。

1956年12月，曼德拉被南非当局逮捕。在两周的监狱生活中，伊芙琳只去探望过他一次。此后，保释回家的曼德拉，看到的只是空空的家。伊芙琳已经离开了，并且把孩子也一并带走了，甚至她把家中的门帘也带走了。人走屋空的景象，让曼德拉有些心烦意乱，他对伊芙琳的行为难以理解。

后来有一天，伊芙琳和她的哥哥来到家中，尽管她哥哥劝曼德拉与伊芙琳和好如初，但是曼德拉知道，重新和好的机会十分渺茫，他们之间存在着不可调和的分歧，而她这一走，为他们维持了12年的夫妻生活画上了句号。

在曼德拉心中，伊芙琳是一个好妻子，她美丽大方、忠诚可靠，她绝对称得上是一位贤妻良母。但遗憾的是，他们的婚姻最终还是走到了尽头。多年后，伊芙琳回忆这段经历时说道："是我主动离开家的……如果我耐心一些，尽量去理解他为什么疏远我，或许事情会不一样，我仍然会是他的妻子。"言辞之中，无不显示着她的愧疚。

在这段已经破裂的婚姻中，曼德拉最担心的就是对孩子们造成的伤害。而事实上，孩子们确实受到了巨大的打击和伤害，孩子们的行为不再像以前一样，因为在他们心中，家庭已经不完整了。

但是，毕竟这段婚姻已不能挽救，曼德拉也就没有再去打扰过伊芙琳。

伊芙琳的离去，让曼德拉意识到自己身上的使命更加艰巨，他也将更多的精力和时间投入到自己的工作当中。在曼德拉心中，他认为政治并不是他的一种娱乐，而是他毕生要从事的事业，是他生命中主要的、基本的部分。

第四章
CHAPTER 4

叛国罪案

对于曼德拉来说，没有什么比让自己国家的人民实现自由更为重要的了。通往自由的道路虽然很不平坦，甚至布满荆棘、让他面临政府的惩处，但这并不能阻挡他赢得自由的决心。

反政府即"叛国",无端的指责

1956年12月3日,南非报纸《新世纪》发表文章表明,国民党政府准备在全国范围内进行大逮捕,以此作为警告,告诫反对种族隔离的"战士"。这份报纸指出:"情况越来越明显,政府准备效仿世人皆知的纳粹德国国会纵火案的做法,目的就是除掉种族隔离政策最坚强的反对者。"文章对政府所宣称的"叛国罪"进行了强烈的谴责,并明确地指出:"拥护《自由宪章》的人们所表现出的忠诚,是国民党人遥不可及的。这不是对一小部分享有特权的人的忠诚,而是对全体人民的忠诚,对公正、人道和正义的原则的忠诚,这正是南非真正的爱国主义。"

12月5日凌晨,天空刚开始泛白的时候,还在熟睡的曼德拉被一阵蛮横的敲门声惊醒了,他意识到能这样敲门的只有安全警察。于是,他很快就穿上了衣服,打开了房门。警察向他出示了搜捕证后,就立即开始在房子中进行搜查,寻找曼德拉犯罪的证据和资料。他们丝毫不顾及已经从睡梦中惊醒、显得极其害怕的曼德拉的孩子们。

搜查持续了将近一个小时,而后,警察拿出来一张逮捕证。曼德拉看了一眼,只见上面写着:高级叛国罪。当着孩子们的面,他们抓走了曼德拉。他们将曼德拉带至警察局的办公室后,又搜了起来。45分钟后,曼德拉被带到了约翰内斯堡的监狱——马歇尔广场。

这天凌晨,有 1000 多名警察同时出动,在全国范围内进行搜索,一旦发现黑人解放运动的积极分子,就立刻进行逮捕。政府为了彰显其力量,不仅调动了所有能调动的力量,甚至还从库房调出了军用飞机。在行动开始后不到两个小时的时间里,警察敲开了几百所房子的大门并进行搜查,再将有嫌疑的人带到监狱关押起来。

这一天,共有 144 人被逮捕,就连卢图利酋长也没有幸免。一个星期后,沃尔特·西苏鲁他们也被抓了。这次行动总共抓捕了 156 人,其中有 105 名非洲人、21 名印度人、23 名白人和 7 名有色人。而"非洲人国民大会"的所有主要领导人,统统都遭到了逮捕,包括主席卢图利和副主席曼德拉,还有奥立弗·坦博和沃尔特·西苏鲁,福特黑尔大学学院院长梅提尤斯教授和马修斯教授。而其他的民主解放组织的领导也在抓捕的名单当中,如南非印度人大会主席蒙蒂·奈克尔。就连《新世纪》报的编辑鲁思·弗斯特和她的丈夫乔·斯洛沃、自由作曲家坎农·詹姆斯·卡拉塔等普通民众都被捕了。

被抓捕的所有人,政府指控他们犯有重大叛国罪,企图推翻现政府,建立一个共产党政府。被集中在约翰内斯堡监狱的 156 人等候着开庭的同时,国民党政府还企图以煽动共产主义罪和叛国罪的名义,一举将人民大会运动扼杀。但由于缺乏足够的证据,只能进行长期的调查,以期能获取证据。

让国民党政府出乎意料的是,这次被抓捕的 156 人的士气并没有因为遭受监禁而受挫,他们反而在公共牢房当中集会,并进行交流、交换意见。他们甚至还在公共牢房中凑在一起搞活动,他们举办专题讲座、体育训练、自由歌曲的演唱,还在牢房中热情地跳舞。

曼德拉与两名"叛国罪"同犯聊天

监狱之外也并不平静,各地出现了一波又一波的抗议浪潮,到处都出现了声援和支持被捕领导人的群众运动。人们在各地举行抗议集会和示威游行。

12月19日,被抓捕的人们被押到约翰内斯堡进行预审。由于被告人数众多,只能在一个军训大厅内进行审理。曼德拉他们坐在封闭的警车上,当局还出动了6辆坐满士兵的军车进行押送。尽管押送如此严密,但是仍然阻碍不了特威斯特大街上人们的呐喊声和歌唱声。曼德拉他们听到车外人们的支持声时,在车内做出了回应。群众簇拥着警车,警车只能够缓慢地前行。这一次押送,变成了一次成功的大游行。

警车开到军训大厅后,曼德拉他们从车上下来。曼德拉看见周围全是荷枪实弹的警察和士兵,法庭内外还站满了为数众多的"非国大"的支持者。庄严的法庭,变成了热闹的抗议大会。由于这次开庭由于没有找到合适的喇叭,当局只能将曼德拉他们重新押送回监狱。

第二天,警察更多了,但群众也增加了很多。当局将他们关进事先设立的囚笼中。开庭后,被告的辩护律师首先抗议对被告的侮辱性待遇。然后,代表政府的原告律师开始陈述。但是长达1.8万字的控诉书即便是使用了扩音设备,也淹没在了群众的呼喊声和歌声中。

这时,一群警察冲了进来,随之而来的就是接连的枪声,约20人中枪受伤。法官不得不宣布休庭。

1956年12月28日,包括曼德拉在内的156名反种族隔离者,在约翰内斯堡被审判。图为南非"非洲人国民大会"的支持者向囚车里的反种族隔离者竖起大拇指

宣读起诉书用了两天的时间。到第四天,他们被允许申请保释。但保释金的限定,又成为了一个种族歧视的事实,白人需要缴纳250英镑、印度人需要100英镑,非洲人和有色人却只需要缴纳25英镑。各行各业的好心人进行了募捐,并主动站出来保释他们。

1957年1月9日,被抓捕的众人再一次被传唤到了军训大厅。被告的辩护律师开始反驳政府的指控,认为《自由宪章》所表达的思想和信仰虽然与县政府的政策不同,但是,这样的思想和信仰是被大多数人赞成的。而受到辩护律师的启发,曼德拉他们决定,不仅要证明叛国罪是不切实际的,还要证明这是一次政治审判。

因此,一系列单调、冗长的举证程序开始了。第一个月的时间,几乎被举证占据了。大到资料、文件、书籍、往来的信,小到杂志、烹饪书都被当局看做证据提交上去了。进行了7个月的审判后,政府声称将提供曼德拉他们策划暴力事件的证据。但是跳梁小丑般的证人——所罗门·恩古贝斯的真实身份被辩护律师揭露了出来。原来他只不过是一个犯了欺诈罪的"无赖"。

1957年9月11日时，检察官宣布预审结束。地方法官给了辩护律师4个月的时间，让他们对8000页证词和1.2万份文件进行审查，准备好辩护。然而，3个月后，其中的61个人被刑事庭宣布免于起诉，而卢图利和奥立弗·坦博也在其中。

1958年1月，政府又准备进行起诉。这次他们请来了一位新的检察官，他就是奥斯瓦德·皮洛。这个检察官竟然能让曼德拉觉得有些怯意，可想而知曼德拉他们即将面临很大的困难。他从一些具有煽动性的演讲稿中摘录了一些言论，而这些言论让警方认定为"阴谋叛国"的证据。

经过13个月的预审之后，地方法官裁定，他们发现了能将曼德拉他们送上德兰士瓦最高法庭的"叛国"证据。在1958年1月份休庭之后，法庭决定对剩下的95名被告进行正式审判。

在休庭期间，曼德拉在律师事务所的办公室里看到了让他一见钟情的女孩——诺姆扎莫·温妮弗里德·马迪基泽拉。当时，温妮和她的哥哥坐在奥立弗的写字台前。奥立弗把他们介绍给曼德拉。于是，温妮的名字就深深印刻在了曼德拉的心中。

在此之前，曼德拉同一位朋友开车去威特沃特斯兰德大学医院，当他们行驶到一个公共汽车站时，曼德拉第一眼看到温妮就被吸引住了，尽管开着车的他并没有将温妮的脸庞看清楚，但丝毫不影响温妮在他心中留下的深刻印象。

温妮是巴拉格瓦纳斯医院的第一位女社会工作者，她家里有七个兄弟姐妹。她出生在离曼德拉老家特兰斯凯不远的比萨那。温妮的曾祖父是19世纪纳塔尔酋长国的酋长，曾经非常有实力。

在曼德拉心里，温妮是世界上最美的女孩，就像是这世界上最稀缺、最美丽的花一样，他心里只想着要如何约她出去，而根本没在意温妮来他办公室的缘由。第二天，曼德拉给温妮打了电话，邀请她在赫弗梅尔社会工作学校为叛国审判辩护基金会帮忙募集资金。但实际上，他只不过是想要约她出来吃饭而已。曼德拉带着温妮来到一家印度菜馆，那是曼德拉经常去的地方。但是温妮从来没吃过咖喱，咖喱的辣味让初次食用的温妮有些措手不及。而温妮的这一表现，让曼德拉觉得她更加美丽了。

当天，曼德拉就向温妮表达了自己的感情，希望能娶她，让她成为自己的夫人。在接下来的几周时间里，他们经常见面，而温妮也待他的孩子非常好。1957年1月，曼德拉与伊芙琳离婚。而后，曼德拉开始与温妮商讨结婚的细节，他让她去做结婚的礼服，问她想要几个伴娘、喜欢什么样的食物，等等。而曼德拉也认定了温妮，觉得她理所应当是自己的夫人。

1958年6月16日，曼德拉和温妮举行了婚礼。他们一起来到温妮的老家，在当地他们受到了热烈的欢迎。婚礼是在当地的一个教堂举行的，他们举办了一系列的庆祝活动。当时，曼德拉的境况并不宽裕，他们并没有足够的钱度蜜月，而审判也紧接着开始了。

妇女运动，新的力量崛起

在国民党政府颁布的各项不平等法令中，最让女性愤慨的就是女人的通行证问题。国民党政府规定,如果妇女没有带通行证出门,那么她们将被罚款 10 英镑或者坐一个月的牢狱。当时,政府给这种通行证起了个看似易于接受的名字,叫作"身份证"。但是妇女深知这是对自己的侮辱,在通行证的问题上,她们决定抵制到底。

1957 年,"非洲人国民大会"妇女组织发起抵制活动,发动全国的妇女对此进行抵抗,无论是城镇的还是乡村的妇女,都反对政府要她们随身携带通行证这样的做法。她们丝毫不畏惧来自政府的威吓,她们不屈不挠地进行着抗争,数千名妇女参与了这次抗议活动。

这一年 10 月的一天,约翰内斯堡的中央通行证办公室中,一大批的妇女集中在那里,各个年龄阶段的妇女都有,还有些妇女甚至是抱着自己的孩子来的。她们在办公室中举行抵制活动,她们不停地唱歌、欢呼。最终,她们依靠自己的力量,使得中央通行证办公室陷入了瘫痪。而就是因为这样,几分钟后,警察逮捕了上百名妇女,其中就有曼德拉的妻子——温妮。

在这次活动进行之前,温妮悄悄告诉曼德拉,自己将参加此次抗议活动。这虽然让曼德拉有些吃惊,但是很快他就开心起来,他没想到自己的妻子在自己的影响下,对政治越来越感兴趣,当然,她得到了曼德拉的支持。

但是曼德拉也有些担心,他怕假如温妮被捕,她会被她的工作单位解雇。他将自己的担忧告诉了温妮,他们都明白现在的生活来源靠的就是温妮微薄的收入,而一旦她进入了监狱,就会给她的职业生涯带来污点,更何况,当时的温妮还怀有身孕。

温妮听完曼德拉的话以后,显现出了自己的顾虑。经过一晚上的慎重思考,温妮最终还是下定了决心,要参与到此次行动中,为妇女运动作出一份贡献。第二天,曼德拉送温妮前去活动组织者的家中,目送她踏上危险而遥远的"征途"。

这一天晚上，被逮捕的妇女越来越多，已经有接近 2000 名妇女遭到了监禁。而曼德拉和奥立弗·坦博受到召唤，他们要代表这些妇女与政府进行交涉。曼德拉在狱中看到了自己的妻子，她身处在又脏又拥挤的牢狱之中。温妮看到曼德拉后，给了他一个温暖的微笑，告诉他自己很好，不用担心。曼德拉虽然有些担心，但是同时也为她感到骄傲。

在接下来的两个星期中，曼德拉想尽办法想要将这些被抓获的妇女保释出来，但毕竟法院隶属于政府，当中愿意帮助他的人几乎没有。终于，在亲属和基金募集组织的帮助下，两个星期内，这些被抓获的妇女全都被保释出来了。

在监狱当中的温妮，不仅没让自己受罪，还结识了两位白人女狱警，并和她们成了好友。这两位狱警不同于别的狱警，她们非常热情，在狱中很照顾温妮。而后，温妮热情地对她们发出了邀请。

这两位狱警非常高兴地接受了她的邀请，温妮还热心地带她们参观了索维托[①]。她们三人年龄相仿，在一起显得十分融洽，比亲姐妹还亲呢。但是，她们的感情却没有持续下去，政府得知这件事情后，解雇了她们，而她们从此以后再也没有出现在曼德拉与温妮面前。

[①] 索维托是南非境内由种族隔离政策造成的最大的非洲人集居城镇。

震惊世界的沙佩维尔惨案

1957年,加纳出现了独立的共和国。这一事件使得国民党政府开始警觉起来,并对国内持不同政见者进行了压制。1960年,非洲17个前殖民地国家纷纷准备成立独立的国家。当时英国的首相哈罗德·麦克米伦前来非洲进行访问,而他的演讲内容"事变风云"更是让整个非洲大陆都震惊了。

阿扎尼亚泛非主义者大会瞄准了此次演讲后造成的影响,想要发动能让他们扬名的一次运动。他们计划在1960年3月21日发动反通行证运动,他们没有任何准备,也没有商讨有关的内容,就盲目地实施了这次行动。最终,索布克韦和他的执行委员会成员在奥兰多警察站就被逮捕了。而他们坚决不保释,拒绝缴纳罚金,因此,索布克韦在监狱中被关了整整三年。

当时,在约翰内斯堡响应"泛非大"号召的人寥寥无几。但是在开普敦也发生了历史上最大的一次反通行证的示威游行。在开普敦市外的一个小镇——兰加,差不多有3万人聚集在一起。警察看到这样的情形,就挥舞着警棍袭击了在场的民众。这一次的游行示威被警察的行为激化了,民众开始发动暴乱,有两个青年在这次的行动中被杀。还有一个叫沙佩维尔的地方,也爆发了不幸的事件。

沙佩维尔是位于约翰内斯堡南大约35英里的一个小城镇。阿扎尼亚泛非主义者大会瞄准了这个地方，想要在这里大展拳脚，并由此在政治上扬名。因此他们做了很充足的准备，从组织到发起行动都十分周密。

1960年3月21日下午，数百人参加了此次游行，他们包围了警局，并没有采取过激的行为。他们虽然手无寸铁，但是显得群情激昂。而75名警察却突然出现在了他们的视野中，没有任何的警告或者示意，他们拿起枪就开始向群众扫射起来。

示威的群众看到这样的情况惊慌失措，他们纷纷逃窜，但是根本就逃不了。子弹从他们的后背射进了胸膛，无数的人倒在了血泊中。700多发子弹，疯狂地射向了手无寸铁的群众。这些警察丝毫没有顾虑人群中还有许多妇女和儿童，只是蛮横地开枪。

最终，有400多人受了伤。这一次示威游行变成了警察的大屠杀。这次的屠杀，激起了南非全国民众的愤慨，全国各地都开始出现动乱，以抵制政府的暴力行径。政府也在这一事件后陷入了危机。

世界各地的愤怒纷纷指向国民党政府。联合国安理会首次出面干涉南非事务，对这次事件进行了强烈的谴责，并向南非下达要求，让政府采取补救措施，实行种族平等。而白人嗅到了南非的危机，纷纷将资金转向国外，准备移民。即便是在这样的情况下，政府仍然不知道悔改，还将沙佩维尔事件推到共产党人身上，认定是他们的阴谋，才造成了此次惨案的发生。

但这一事件让阿扎尼亚泛非主义者大会押对了宝，他们由此在全国人民心中树立了具有勇气且坚忍不拔的形象。而索布克韦自然成了国内外拥戴的南非的"救星"。这一情形对"非国大"十分不利。

经过开会商议，"非国大"决定顺应这一形势，并制定出了相关的应对措施。1960年3月26日，卢图利率先执行了计划。他在比勒陀利亚将自己的通行证损毁，并向在场的所有人发出呼吁，表达出希望自此废除通

沙佩维尔惨案之后，南非政府宣布全国进入紧急状态，曼德拉被拘捕。1960年4月8日，政府下令取缔"非洲人国民大会"和阿扎尼亚泛非主义者大会。

图为1960年，曼德拉狱中照

行证的期望。同时，他在场宣布，于3月28日举行在家静坐活动，以此对沙佩维尔的遇难者们表示哀悼，并对当局进行抗议。

在同一时期，曼德拉和杜马·诺克威在奥兰多也进行了烧毁通行证的倡议。经过两天时间的动员，全国已经有约10万人响应了"非国大"的号召。国民党政府宣布，将全部武力调动起来，进行戒备。

沙佩维尔惨案发生后不久，包括曼德拉在内，总共有40人再一次被关进了监狱。1960年4月8日，政府依据《镇压共产主义条例》将"非洲人国民大会"和阿扎尼亚泛非主义者大会判定为非法组织。这一判定让"非国大"的会员迅速成为触犯法律的人。

曼德拉他们一直被监禁到了1960年8月31日，当局宣布取消紧急状态后才被释放。

索布克韦"另起炉灶"

《自由宪章》无疑是南非黑人解放运动中非常重要的一部法律，而恰恰是这部宪章引发了各种各样的情况。对于非洲主义者或"民族主义者"来说，《自由宪章》就是一种赤裸裸的背叛，是试图占有土地的"强盗"。而对于国民党政府而言，《自由宪章》就是在宣扬共产主义。

更为严重的后果是，《自由宪章》使得"非洲人国民大会"直接分裂成为两派，即"宪章派"和"非洲主义派"。当《自由宪章》正式通过以后，引发了两派之间的斗争，斗争引起的最直接的后果就是使得双方有不少的人离开"非国大"，最终导致"非国大"的力量大大削弱。

青年联盟的创始人之一乔丹·思古巴内作为"非洲主义"的一员，向领导着"宪章派"的卢图利酋长发动了一次猛烈的攻击，他宣称卢图利酋长是偏向于共产党人和印度人的，表示自己不愿意与这样的人为伍。后来，为抗议"宪章派"以表明自己的决心，思古巴内竟然退出了"非洲人国民大会"。在这样的情况下，分裂已经是不可避免的事情了。

1958年，原本计划要进行的消极抵抗罢工运动沦为两派斗争的牺牲品。为此，"非洲人国民大会"严厉地批评了反对罢工的"非洲主义派"。而当时处于"宪章派"阵营中的曼德拉主张对"非洲主义派""大清洗"，将"非洲主义派"掌握的领导权剥夺过来。

1958年11月2日,在"非洲人国民大会"的德兰士瓦大会上,"宪章派"经过商议,决定强行开除"非洲主义派"的会员。就是因为这一决定,在1952年的"蔑视不公正法令运动"中表现出色的勒巴洛率领众人集体退出了"非国大"。而这一派别中,有许多参加过第二次世界大战的老战士以及过去曾经对"非国大"作出贡献的会员。

退出"非洲人国民大会"的还有约翰内斯堡奥兰多分会,这一分会中人员众多,这让"非国大"损失不小。退出"非国大"的"非洲主义派"成员们,在离"非国大"不远的地方召开了大会,并向当时在"非洲人国民大会"掌权的"宪章派"发出了最后通牒。他们向外宣称:"我们即将独立成为'非洲人国民大会'1912年制定并一直执行到组成'大会联盟'这一时期的政策保卫者。"而他们最终组建完全却是在1959年4月6日。

1959年4月6日这一天,在罗伯特·索布克韦的领导下,"非洲主义派"成员正式宣布成立阿扎尼亚泛非主义者大会。索布克韦对《自由宪章》怀有很大的意见,其中最大的意见就是宪章将所有地区的黑人和白人全都统称为"在南非居住的人民","不分肤色、种族"的概念让他觉得十分可笑。"非洲主义派"成员们还认为,《自由宪章》在民主方面并不完善,根本就没有解决"一人一票"的问题。在1959年的"泛非主义者宣言"中,"非洲主义派"成员们强烈指责了"非洲人国民大会"的领导,他们认为"非国大"的领导已成为白人统治阶级的俘虏。

索布克韦在福特黑尔大学念书的时候,就加入到了"非洲人国民大会"的青年联盟,并任青年联盟学校支部主席。1949年,他率领该校的青年联盟代表参加了在布隆方丹召开的"非洲人国民大会"年会,《行动纲领》的通过,他出了相当大的一部分力。

在 20 世纪 40 年代,创立青年联盟的时候,曼德拉与索布克韦都出了不少的力,作为创始人,他们又一起领导了几次大的行动。对于曼德拉来说,索布克韦的为人让他钦佩,同时,他也算得上是自己的战友了。

泛非主义者大会的成立使得曼德拉意识到了问题所在,他认为这个组织的口号很激进,势必会吸引大批"非洲人国民大会"成员。为此,曼德拉投入到了说服工作当中,希望他们能认清局势,对种族主义政权和普通白人一定要区别对待。但曼德拉的劝说并未起到效果,这场分裂已经成为必然。正如曼德拉预料的那样,在 1959 年 8 月 2 日,泛非主义者大会的全国执委会宣布,他们已在全国建立了 101 个支部,拥有正式成员 24664 人。仅仅成立 4 个月的组织,竟然能发展得这样顺利,这引起了"非国大"的震惊。

分裂不可挽回,双方之间认知的差异以及冲突,势必会造成这样的局势。泛非主义者大会对于"非国大"来说,算得上一块烫手的山芋了。

阿扎尼亚泛非主义者大会的"真面目"

阿扎尼亚泛非主义者大会组建的目的,就是为了反对"非洲人国民大会"。这个组织想要推翻白人专制,企图建立一个看似社会主义,实际上是民主主义的政府。他们想要驱逐白人和印度人,认为他们是异邦人,不属于南非。阿扎尼亚泛非主义者大会的建立,其实是在曼德拉的预料之内的。

早在前几年,曼德拉就感受到了"非洲主义派"成员的不满。特别是他们的领袖被驱逐出了"非洲人国民大会",才彻底引发了他们的愤怒。

这个组织的成员大多数是因为个人的不满或者嫉妒才最终选择参与到阿扎尼亚泛非主义者大会阵营当中的。通常这样的人缺乏考虑,只是考虑到了自己的恩怨。

针对这一事件,曼德拉说:"我总是认为,要当一名自由战士,必须超越许多让他感觉自己是一个独立的自我而不是作为群众运动一部分的个人感情。一名自由战士要为千千万万人民的解放去战斗,而不是为了个人的荣誉而战。"

而实际上,阿扎尼亚泛非主义者大会的许多观点和行动都是不成熟的,甚至有些幼稚。在自由解放的问题上,他们甚至提出"1960年取得第一步胜利,1963年最后获得自由和独立"这种根本无法实现的承诺。最终受害的只会是他们自己。

阿扎尼亚泛非主义者大会的反对共产主义观点,让该组织顺利得到了西方媒体和美国外交部的宠爱,这也使国民党政府放松了对他们的政策控制。他们还为此感到得意扬扬,殊不知,其实他们只是成了他人手中的武器而已。

阿扎尼亚泛非主义者大会的幼稚之处就在于,他们虽然口头上说要以解放非洲人为目标,但是实际上他们总是与"非洲人国民大会"唱反调,将人们的利益置之不理。只要"非国大"号召人们开展罢工,他们总会鼓励人们去上班;当"非国大"发表言论,他们就会朝着相反的方向鼓动人们……

在阿扎尼亚泛非主义者大会举行成立大会的第二天,曼德拉向索布克韦索要相关的文件,其中包括就职演讲、章程和其他的文件。尽管泛非主义者大会的书记波特拉考·利保罗对此有所不满,但曼德拉用自己的良苦用心,消除了他的不满和错误想法,最终拿到了所有的资料。

第五章
CHAPTER 5

"黑色海绿花"转入地下斗争

尽管曼德拉被迫转入地下进行斗争,但是他怀抱着希望,他知道政府的武装压迫是来源于其所受的威胁。面对威胁和挑战的曼德拉,为了新南非努力着,他要和众人一起,为南非留下最伟大的礼物——人道的社会。

家庭的温情与法庭的冷酷

与温妮结婚后的曼德拉尽管依旧为政治活动忙碌着,但他却也享受着温妮给他的温情。每天他们凌晨4点左右就起床,在他洗漱的时候,温妮就会很体贴地将早饭准备好。吃完早饭后曼德拉就离开家,一直要到很晚才会回家。他们在一起的时间很少,但温妮却丝毫没有怨言,反而给了曼德拉许多的希望和力量,让他能够坚持下去。

直到1958年8月,曼德拉以及众人的审判才算正式开始。法庭由大法官F. L. 拉姆克夫、法官肯尼迪和鲁道夫组成。当三名法官走入法庭时,曼德拉他们就显得有些失落了,因为这几个人都是白人,并且据说大法官还是一个非洲白人秘密组织的成员。

开庭后,政府将法庭转移到了约翰内斯堡36英里以外的比勒陀利亚的一个原犹太会堂内。于是,每天要开庭的话,他们就不得不从约翰内斯堡的家中出发,乘坐一辆行走缓慢且相当不舒服的大巴士前去比勒陀利亚。这就意味着他们不得不花更多的时间和金钱。

政府这样做并非是没有理由的。首先比勒陀利亚是国民党权力的集聚地,而"非国大"在那里并没有任何分支机构,在这里能分散他们的工作,让他们花费更多的时间,以至于没有时间去照料他们的支持者。

而他们的辩护团队经过强有力的辩解，在8月份时，法庭根据《镇压共产主义条例》取消了其中的一项指控。10月13日，经过两个月的辩论，刑事法庭忽然宣布驳回全部关于暴力叛国的指控。还没来得及高兴的曼德拉等人，在一个月后又重新陷入了一个措辞更为严谨的指控。

1959年2月4日，曼德拉刚参加完一个会议，便立即回到家中，而当时独自在家的温妮已经开始出现临盆的现象。曼德拉知道温妮要临产了，他即刻就将温妮送到了巴拉格瓦纳斯医院。

这一天，他还要赶到比勒陀利亚候审。温妮疼痛难忍，他听着温妮的呼喊声，特别担心，同时他又十分心疼温妮。曼德拉等了好久，候审的时间越来越近，他才不得不离开了医院。

审理结束之后，曼德拉第一时间就赶到了温妮身边。温妮已经顺利地产下了他们的女儿。曼德拉很激动地抱着自己的女儿，双手略微有些颤抖。有亲戚建议给她取名为泽妮，意思是：你为这个世界带来了什么？曼德拉听了以后十分高兴，这样的名字无异于就是在提醒自己，也在警醒自己的女儿，让他们能够一起接受挑战，为这个国家作出贡献。

当曼德拉在家庭和法院两地之间来回奔波的时候，10月11日那天，他却听到了起诉检察官奥斯瓦德·皮洛被刺身亡的消息。这对于曼德拉他们来说，是十分有益的。皮洛死后，没有新的证据被提交上来。

1960年3月10日，指控程序终于结束了，辩护正式开始，这是斗智斗勇的开端。但是在3月21日卢图利做证的时候，却由于发生了沙佩维尔惨案而被迫中止了。

一直到4月26日，法庭才重新开庭审理此案。但由于之前政府对曼德拉等人下达的隔离政策，导致了他们的沟通遭到重重阻碍。而隔离政策一直到1960年8月的最后一天才被取消。隔离期间，曼德拉与温妮已经有 5 个月没有见过面了。

　　1960 年圣诞节期间，曼德拉的儿子马卡托生病了。得知这一消息后，曼德拉立即赶往马卡托读书的地方——特兰斯凯，到了那里后才得知马卡托病情严重，需要动手术。于是，他开了一夜的车将马卡托带到了约翰内斯堡进行治疗。为他安排好相关的事情后，他开车将儿子送回了伊芙琳的住处。回到家后，曼德拉才得知，温妮已经分娩了，他迎来了他和温妮的第二个女儿——津荠。

　　漫长的审判，终于在 1961 年 3 月 29 日进行宣判。这一天，宣判大厅中挤满了人，还有数百人被拦在了宣判大厅之外。这时，政府却提出了申请，要对控诉书进行更改，但被法庭拒绝了。

　　法庭认为，控方缺乏一定的证据证明"非国大"是一个共产主义组织，因此法官宣布曼德拉及众人无罪。这一判决刚被宣布，全场就爆发出了热烈的掌声和欢呼声，人们互相拥抱，全都沉浸在这愉快的气氛当中。

　　这场持续了四年多的审理终于画上了句点。国民党政府在这一判决结果下感受到了失败的耻辱，这就意味着他们即将进行更为残酷的行动。曼德拉明白，政府经受了这一挫败后，必将采取行动。

　　而后，曼德拉立即转到了伊丽莎白港。在那里，他与"非国大"的领导人戈万·姆贝基、雷蒙德·穆拉巴见了面，并开始商讨转入地下斗争时的相应的组织结构。从那以后，曼德拉成为了一个夜间活动的生灵，他在约翰内斯堡进行着秘密的斗争。

政府野蛮镇压，大罢工夭折

　　1961年3月25～30日，第三届全非人民大会在开罗举行。"非洲人国民大会"和泛非主义者大会都参加了这次大会。在大会上，泛非主义者大会代表团团长纳纳·纳尔逊·马霍莫在会议中提出决议，要求所有非洲国家全面贯彻对南非和南非货物实行抵制。这一决议刚一提出，就引起了"非国大"的重视。最终，大会通过了这项决议。

　　这个决议能带来极大的好处，因为它能对被南非政府定义为"非法"的组织带来极大的鼓舞。虽然这时当局已签发了抓曼德拉的逮捕证，但是曼德拉依旧活跃在地下，组织各种运动对政府施压。

　　当时，政府丝毫不顾及黑人群众，试图在南非建立白人共和国。1961年4月24日，曼德拉代表全国行动委员会向政府有关人士表示了抗议。但政府丝毫不在意他们的想法，对曼德拉的建议也不予理会，还对外宣称曼德拉的行为很恶劣，并预计在5月31日成立南非共和国。

　　1961年5月上旬，曼德拉掉转方向，致函统一党领导人，他希望统一党能站在黑人的立场上，与黑人团结起来，抵制国民党政府的行为，并共同创造南非的未来。统一党的领袖德·威利尔斯·格拉夫虽对政府有所不满，但是不愿意奋起抵抗。对曼德拉的提议，他搁置了下来，并没有立即给予答复。

在这样的情况下，曼德拉开始策划5月29日的罢工。从5月份开始，政府在全国范围内进行了行动，不仅抓捕了反抗组织的领导人，还禁止召开各种会议，就连传单也被没收。

政府得知了曼德拉在策划罢工的消息后，在罢工举行的前两天就开始了南非历史上最大规模的阅兵式。政府用军队封锁了城市的出入口，市区的街上一直有行驶着的坦克，直升机也盘旋在空中。事实上，这并非是阅兵式，而是对罢工行动的警告。直升机从白天到夜晚一直在空中进行巡查，而到了晚上就用探照灯进行搜索，一旦发现有人群聚集的情况，就立刻俯冲下来冲散人群。政府这样的行为，引起了民众的恐慌。

罢工行动开始前，阿扎尼亚泛非主义者大会也对罢工进行着破坏活动。他们到处散发传单，号召人们抵制罢工，并污蔑"非国大"。但是他们这样的做法，并没有让这次的罢工受到过多的影响。

5月29日，数以万计的人拒绝上班，有离开厂房的、有在家中静坐的、有走上街头进行罢工游行的……第一天的罢工行动结束后，虽然报道在全国引起了不小的反响，但是却并不如曼德拉预计的那样强烈。对此，曼德拉感到十分失望，也有些气愤。

第二天，在进行了一次小型会议后，认清了形势的曼德拉号召停止此次罢工。为了表示自己的决心，他还会见了许多记者，他坦然承认此次罢工组织得很不理想，但其积极意义是十分明显的。他发表声明说："如果政府作出的反应是用赤裸裸的武力镇压我们的非暴力斗争，我们将不得不重新考虑我们的策略。在我的心目中，我们在翻过非暴力斗争这一历史的篇章。"

此时，曼德拉对"非洲人国民大会"的现行非暴力政策产生了疑问，而"非国大"的主席卢图利仍然坚持这项政策。针对这一问题,曼德拉提出了自己的看法:"当我们与之打交道的政府所采取的野蛮行为,给非洲人带来那么多痛苦和灾难之时,继续呼吁和平与非暴力,在政治上是否正确?"

关于暴力还是非暴力的辩论,从1960年年初就开始进行。在与本来同自己志同道合的几位领导人进行交流时,曼德拉的意见遭到了他们的反对,特别是共产党的书记、在"非国大"的执行委员会最有实力的摩西·考特尼,他的反对特别强烈。

交流一直持续了一整天,问题也没有解决。此后的一个星期,又举行了一次会议,会议上曼德拉提出了一个中庸的方案:有限制地使用暴力。最终,会议通过了这个方案,并达成了一致的意见。

由于曼德拉的一系列地下组织活动,在1961年6月,南非政府采取了措施,对曼德拉发出了通缉令。曼德拉接受了"非国大"的建议,决定不去自首,他说道:"我将不向一个我不承认的政府投案。任何严肃的政治家都会认识到,在这个国家当前的条件下,把自己交给警察,寻求廉价的牺牲是幼稚和犯罪。"

曼德拉自己也意识到,他不能去坐牢,他还有更重要的事情需要去完成。他不得不与自己的妻子和孩子分开,抛开他所拥有的一切,生活在"地下",从事着约翰内斯堡的各项活动,和国民党政府打着游击战。

曼德拉特意回了一趟家,向温妮告别。温妮泪眼婆娑地看着曼德拉,她下定决心要追随曼德拉。可是曼德拉怕她会遭遇危险,几番劝说终于让她留了下来。

1961年6月26日,曼德拉给南非新闻媒体发了一封信,表扬了人民群众在罢工期间的勇气和优异表现,并再一次号召召开全国立宪大会。曼德拉也做好了被政府拒绝的准备,在信中他明确指出,如果政府拒绝举行全国立宪大会,"非国大"将在全国发动不合作运动。

在曼德拉转入地下的前几个月,南非国民党政府想方设法要逮捕曼德拉,而媒体纷纷在头条刊登消息,猜测曼德拉的藏身地。同时,警察还在全国各地设立了道路检查站,试图抓到曼德拉,但最终都落空了。

当时,有人送给曼德拉一个称号——"黑色海绿花"。这并不是一个具有赞扬意味的称谓,而是用来嘲讽曼德拉在政府的追捕下,只能藏头藏尾地生活。

"民族之矛",反政府的利器

从沙佩维尔惨案,到后来的政府的一系列暴行,让曼德拉深受触动,他看到了种族主义政权的狰狞面目。看到了如今非洲的状况后,曼德拉意识到一定要保有最基本的战斗力,这样才不至于失去支持者。而这样的话,只有采取暴力手段才能解决问题。这就意味着曼德拉会直接站在主张非暴力的"非国大"领导卢图利的对立面上。

最终,通过自己的努力,曼德拉得到了绝大多数人的认可。为了得到卢图利的认可,曼德拉承诺组建的军队直接隶属于"非国大",但未经"非国大"同意,绝对不能擅自采取行动。于是曼德拉开始着手组建军队。经过多方讨论,这一军事组织的名称被定为"民族之矛"。

"民族之矛"于1961年11月正式成立，这一组织没有种族限制，甚至白人也可以参与进来。曼德拉招募了乔·斯洛瓦和沃尔特·西苏鲁，他们三人成为"民族之矛"的最高指挥者。还有不少的白人共产党员也加入其中。曼德拉还吸收了"二战"期间的一位军人杰克·霍奇森，成为组织里面的爆破专家。他们将"民族之矛"按照最上层是全国最高司令部，然后是各省设立地区司令部，接下来是地方武装的顺序进行排列。

全国最高指挥部设立在约翰内斯堡郊区利沃尼亚的利里斯利夫农场之中，这是一个极其隐蔽的地方。每逢周末，温妮就会带着孩子们来到这里，与曼德拉团聚。在这里，温妮为曼德拉做饭，而曼德拉则会陪着孩子们在院子里玩耍。他们相聚的时间虽然很短暂，但是家庭的温情能让曼德拉暂时忘却政治上的烦恼。

为了预防警察进行监控，防止奸细、密探渗入到"民族之矛"中，曼德拉他们将"民族之矛"建成高度集中统一的队伍，每一位成员都需要经过严格的挑选，只要发现有可疑的人就立即进行盘查。

在当时的情况下，曼德拉将"民族之矛"的斗争方式定义为破坏活动。采取这些行动的主要目的是威慑国民党政府。破坏行动选在军事驻防地、发电厂、电话线路和交通枢纽进行袭击。组织建立起来之后，曼德拉投入到了学习中。他开始学习发动革命的基本原理，从论述武装斗争的资料到游击战争的文献，从战争队伍的创建、训练和维持到物资供给，从南非过去的事件到白人入侵前的历史，这些资料都是他这段时期学习的内容。

当时，"民族之矛"正在进行爆破技术的训练工作。虽然这是很危险的训练，但是曼德拉不顾及自身的安全，他坚持参加了第一次的爆炸装置试验。他站在一旁看着共产党人杰克·霍奇森熟练地操作着，准备完成后，他们退到远处，30秒后，装置发生了爆炸。

1960年12月，卢图利获得了诺贝尔和平奖。卢图利获得这一奖项对国民党政府是一个沉重的打击，因为这意味着西方国家承认黑人的斗争是正义的。这个荣誉的获得对于曼德拉以及"民族之矛"来说，是很不合时宜。因为卢图利领奖回来的时间，与"民族之矛"行动的时间几乎相同。

12月16日凌晨，约翰内斯堡、伊丽莎白港和德班的发电厂及政府办公室中，"民族之矛"自制的炸弹纷纷爆炸。同时，他们将新的"民族之矛"宣言的传单散发到全国各地，以此宣布"民族之矛"从今以后将要开始行动。

这一天是南非白人庆祝1838年血河战役中打败祖鲁领袖丁纲的日子。而曼德拉他们选择在这一天采取行动，是为了告诉政府、告诉世界，非洲人的战斗开始了，他们即将成为正义的一方，并取得最终的胜利。

接下来，"民族之矛"向众人发出了他们庄严的声明："每一个民族都会面临只有两种选择的时刻——屈服或者战斗。南非正面临这样的时刻，我们绝不屈服，我们没有其他的选择，要尽我们一切力量进行反击，以保卫我们的人民、我们的未来和我们的自由。"

当南非政府听到这一声明时，感受到了极大的威胁。而这次的炸弹爆炸使得政府十分震惊，于是，政府开始了新一轮的、无情的反攻。

政府将"民族之矛"的破坏行为定义为"极大的犯罪"。炸弹爆炸行动也引起了白人的警醒，他们意识到自己现在正处于非常危险的状态之中。政府派遣特警部队，只要发现有嫌疑分子就立刻逮捕。

这次的抓捕事件意味着政府与"民族之矛"的斗争正式开始了。

与此同时，同样转入地下的泛非主义者大会也开始建立了他们的军事组织——"波戈"，并展开了武装斗争。"波戈"不同于"民族之矛"，他们的主要目标是袭击警察局，杀死警察、密探和与当局合作的黑人傀儡。

同一时期，开展武装行动的还有以西开普地区的"非欧洲人团结运动"

为基础的"游击战俱乐部"。一些白人自由派人士也自己组成武装小组，进行炸弹爆炸破坏活动。

1961年年底开始，各地纷纷出现武装袭击和炸弹爆炸破坏活动。这对国民党政府来说是极其明显的挑衅，同时，也引起了白人社会的恐慌。曼德拉很快认清了形势，他们召开了会议，经过一番商讨后，他们决定将"民族之矛"的武装破坏转变为长期的游击战争。

秘密访问非洲诸国及英国

1962年2月，泛非主义者大会在亚的斯亚贝巴举行。"非洲人国民大会"接受东非、中非、南非的泛非主义者大会的邀请，决定授命曼德拉率领"非国大"的代表出席这次大会。召开这次大会是为了促进非洲大陆的解放运动，同时，"非国大"也能从中争取到一定的支持和资金。这次大会对于"非国大"来说，绝对是一次极好的机会。

出国前，温妮为曼德拉整理好了行李，她虽然很担忧，但是她还是很支持曼德拉。"非国大"为曼德拉安排了去坦噶尼喀（今为坦桑尼亚）的达累斯萨拉姆的航班，让他从那边转机飞往亚的斯亚贝巴。但此时，为曼德拉带旅行证件的人却被逮捕了，这让他不得不改变出行计划，到贝专纳①后再乘包机前往亚的斯亚贝巴。

---

① 1966年脱离英国，独立后改名为博茨瓦纳。

朱利叶斯·尼雷尔（1922—1999），坦桑尼亚政治家、国父，也是坦桑尼亚建国后的第一任总统（1962—1985年），"泛非主义"的坚定信仰者，非洲统一组织主要领导人之一

但是曼德拉的出行并不顺利，飞机迫降在了一个小城镇卡萨尼。随后，曼德拉等人出发去穆贝亚，而在当地的一家宾馆里，曼德拉看到了白人与黑人一同坐在阳台上客气地交谈着，这对曼德拉来说，仿佛就是自己阔别已久的家。

紧接着，他们到达了坦噶尼喀首都达累斯萨拉姆。当时，坦噶尼喀刚刚独立，坦噶尼喀非洲民族联盟领导人朱利叶斯·尼雷尔接见了他们。曼德拉想要得到他们的帮助，但是，尼雷尔向他们提出了自己的建议，并告诉他去争取海尔·塞拉西的支持才是最好的。

海尔·塞拉西是埃塞俄比亚的皇帝，他一直对殖民主义进行着坚决的抵抗，最终取得了胜利。而已经到达亚的斯亚贝巴的曼德拉，在大会开幕前有幸在德布拉扎德这个小城镇上，偶遇了海尔·塞拉西。

当时，塞拉西身着华服，在500名士兵的簇拥下进行了阅兵。看完阅兵式后，曼德拉和奥立弗参加了一个会议。在会议上，曼德拉他们获得了在场众人的支持，他们支持曼德拉继续战斗下去。

此后，曼德拉等人去了开罗。经过一天的游历后，奥立弗前往伦敦，而曼德拉等人则动身前往突尼斯。在突尼斯，曼德拉拜访了突尼斯国防部部长，但并没有什么成效。随后，他们拜见了突尼斯总统阿比卜·布尔吉巴，却意外获得了他的支持，阿比卜·布尔吉巴当场非常干脆地答应要帮助他们，为他们训练军队，还会援助他们 500 英镑用来购置武器。

到达塞拉利昂后，曼德拉得知塞拉利昂议会正在举行会议，于是他灵机一动，决定参加他们的会议。曼德拉告诉工作人员他是南非卢图利酋长的代表。工作人员一听，赶紧向主席台报告。结果，会议休息期间，所有的人都排着队要与他握手。开始时，曼德拉不明所以，但是很快他就明白了，原来这些人把他当成了卢图利酋长了。甚至有人把塞拉利昂的首相也带了过来，并把曼德拉当成是卢图利酋长介绍给了首相弥尔顿·马盖也。曼德拉一直在澄清自己并不是卢图利酋长，但是他们根本就不听他的解释。直到会见了塞拉利昂总统，他才将搞错身份的事情说清楚。而塞拉利昂总统得知他们的处境后，非常慷慨地为他们提供了援助物资。

随后，曼德拉来到了利比亚，并拜访了利比亚总统杜伯曼。杜伯曼是一个非常幽默的人，听到曼德拉想寻求帮助，就询问曼德拉："你有没有零花钱？"这让曼德拉有些尴尬，因为他确实没有多少钱了。杜伯曼总统一听，立即让官员递给曼德拉一个信封，里面装有 400 美元，同时还为他们提供了 5000 美元用于购买武器和进行培训。

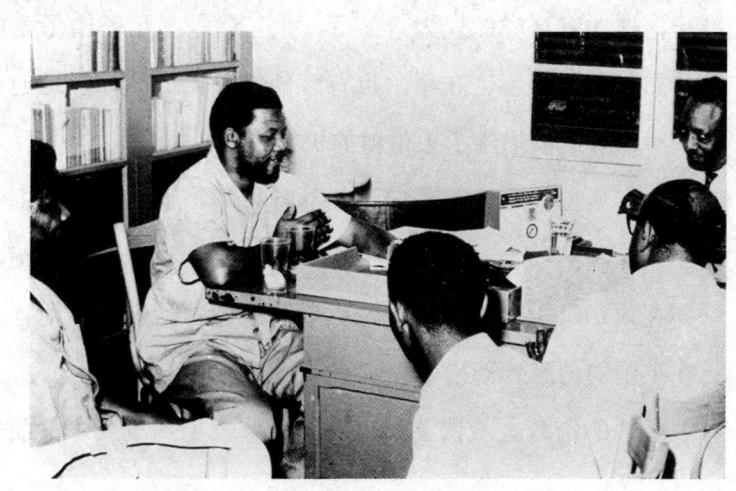

曼德拉暗中出境前往埃塞俄比亚，参加在亚的斯亚贝巴举行的泛非主义者大会

得到援助

后，曼德拉及众人从利比亚去了加纳。在加纳，当地的行政部部长接待了他们，并安排他们会见加纳的领导人赛考·托雷。托雷的生活状态让曼德拉他们大吃一惊，原本以为他会是住在豪华房子里享受生活的人，谁知他住在一座十分简陋的平房里，身上穿着有些脏且褪了色的西服。

在曼德拉向赛考·托雷介绍了相关情况后，曼德拉当即表示，希望能得到5000美元的援助，用作"民族之矛"的培训。但托雷只是默默地走到了书架旁，拿下来两本书并签上了自己的名字，然后递给曼德拉他们，就打发他们走了。

托雷这样的行为，着实让曼德拉他们有点儿生气。曼德拉他们认为托雷不给援助就算了，还用书来打发他们，实在有些可恶。但是回到宾馆后，一位外交部官员为他们送来了一手提箱的钱，他们还没来得及高兴，就发现钱全部都是加纳币。他们将钱兑换成硬通货①之后，就前往了塞内加尔。

他们在塞内加尔国内进行了很短暂的游历，就前去会见塞内加尔的总统奥波德·桑戈尔。桑戈尔听完曼德拉的陈述后，表示在召开议会得到批准后，他才有这样的权力。然后，他把曼德拉引荐给了塞内加尔司法部部长达布希尔。尽管达布希尔没有给他们提供援助，但是他帮他们办理了外交护照，并给他们买了去伦敦的机票。

对于曼德拉来说，英国是极具魅力的，因为西方民主和自由总能让他联想到英国的议会制。尽管英国的帝国主义让他深恶痛绝，但是这里的服饰和礼仪却吸引了他。到了伦敦后，曼德拉尽量低调地行动，他要杜绝自己在英国的消息传回南非。

短暂的伦敦之旅快要结束时，曼德拉见到了久未蒙面的毛尔维·卡恰

---

① 硬通货是指国际信用较好、币值稳定、汇价呈坚挺状态的货币。

利亚。但这次见面却因为几个人之间不同的观点，最终不欢而散。不过这并没有影响到曼德拉一行人接下来的活动。

离开伦敦后，曼德拉他们来到了此次出行的目的地——亚的斯亚贝巴。埃塞俄比亚外交部部长叶甫非常热情地接待了曼德拉，紧接着他就带着曼德拉来到埃塞俄比亚暴动军司令部的所在地。在那里，曼德拉开始了为期六个月的训练，并学习如何带兵打仗和相关的知识。

一开始，教官就为曼德拉安排了他的弱项训练课程——搏斗。每天的训练计划非常繁重，从早上8点一直到晚上，中间只有很短一段休息的时间。在8个星期的学习中，曼德拉学会了如何使用自动步枪和手枪，学会了如何破坏敌人的设施、如何使用迫击炮、如何制造小型炸弹和地雷，以及如何避开这些爆炸物。仅仅八个星期的训练，曼德拉就成了一名军人，拥有了崭新的思维方式。

预计6个月的训练，却被一封来自"非国大"的电报打断。电报上面写着国内武装斗争已经逐步开展，现在缺少的就是一位现场指挥官，而这个指挥官非曼德拉莫属。无奈之下，曼德拉中止了训练，准备回到自己的国家。

曼德拉离开之前，担任他军事科学课的老师塔德塞上校送给了他一份礼物——一把自动手枪和200发子弹，并为他购置了飞往苏丹首都喀土穆的机票。曼德拉到达喀土穆以后，便直接飞往了坦桑尼亚的首府达累斯萨拉姆。

坦桑尼亚总统尼雷尔接见了曼德拉，并为曼德拉提供了一架飞往穆贝亚的飞机。但飞行员却将飞机降落在了卡内。在机场迎接曼德拉的是当地的行政长官和保安人员，这些人都是清一色的白人。曼德拉心存戒备，在行政长官询问他名字的时候，他说自己叫大卫·莫扎马伊。

事实上,这个行政长官是来为他提供帮助的。他将曼德拉带到一幢大楼里,曼德拉见到了"非国大"的支持者们。行政长官为他提供方便后,他建议曼德拉尽早离开这里,以免遭受牢狱之灾。当天夜里,曼德拉及众人就驱车前往约翰内斯堡。

Part 3

炼狱：
关不住的灵魂

肤色斗争中，
年月把拥有变做失去，
疲倦的双眼带着期望。
——《光辉岁月》

第一章
CHAPTER 1

政治受审

在为黑人争取自由和民主的道路上,虽然曼德拉一再被政府关押并审判,但他仍然义无反顾地在法庭上以一个正义之士的身份为自己辩护,绝不退缩。

被捕入狱，祸福天壤

1962年7月20日深夜，一个黑人蹑手蹑脚地走向停在路边一辆不起眼的老旧汽车，随后车门打开，一个印度人下车并走到路旁，他们轻声交谈了几句，然后一起钻进车内，朝南非境内驶去。这个在深夜潜回南非的黑人，就是刚刚参加完泛非主义者大会的曼德拉。

沙佩维尔惨案之后，曼德拉对"非洲人国民大会"非暴力政策的质疑更加强烈，南非白人政府残酷的镇压令他震惊的同时，也令他开始冷静思考一个事实：想要依靠"非暴力"的方式乞求南非政府大发慈悲给予黑人政治权利，不啻于奢望猛兽改吃素食。

"民族之矛"的组建正是基于曼德拉对局势的认识——非暴力抗议无法动摇白人政府，也越来越不适合南非黑人日渐强烈的反抗意愿。

回到约翰内斯堡之后，曼德拉来不及休整，便前往"民族之矛"最高指挥部，报告了他这半年来的出访情况。曼德拉详细诉说了他在各国的见闻，以及对于组建军队进行破坏性暴力抗议活动的理想预期。"民族之矛"组织成员听了曼德拉的汇报，都深受鼓舞。但是在关于是否立即着手训练游击队伍这一问题上，"民族之矛"内部出现了一些分歧。部分成员认为：在组织力量弱小的初期，训练游击队伍为时尚早，并且南非的地形也不适合开展游击战争。对此，曼德拉耐心解释坚持游击战争、或至少是坚持组建游击战争部队的必要性。最后大家统一了意见：培养一支训练有素的队伍不是一两年可以完成的，因此初期的主要目标依然是对各个政治、军事机构的破坏，而在开展破坏活动的同时，执行军事训练计划。

曼德拉认为，"非洲人国民大会"的组织机构必须显得更独立一些，让非洲大陆上支持"非洲人国民大会"的众多盟友放心。非洲其他国家的支持是"非洲人国民大会"资金的重要来源。曼德拉建议对大会联盟进行改组，这样，"非洲人国民大会"将明显地被视为领导组织，特别是在一些直接影响非洲人的问题上将获得更重要的地位。

这是一个事关"非洲人国民大会"组织整体的严肃主张，必须慎重对待，并征求整个领导层的意见。为此，曼德拉前往纳塔尔，与"非洲人国民大会"的主席卢图利酋长见面，并对"民族之矛"和"非洲人国民大会"的改组计划进行商讨。虽然已经与卢图利主席就事情有过一次商讨，但卢图利依然毫不客气地批评了曼德拉。卢图利的身体状况和记忆力都已经大不如从前，他显然忘记了他们曾经就这个问题进行过讨论。曼德拉只好设法唤起他的记忆，并再次向卢图利解释自己的想法。虽然卢图利在严肃斥责了曼德拉"擅自做主"的行为，告诫他日后在作出决定前必须与"非洲人国民大会"的基层组织协商，但他最终还是认可了曼德拉的主张。

伴随着"民族之矛"活动的日益频繁，南非政府对于这个突然冒出来的军事组织痛恨不已，他们派遣警察局的奸细秘密渗入"民族之矛"，借助"民族之矛"不分种族肤色吸收成员的政策，成功地混入了"民族之矛"组织的基层当中。在一次行动中，三名"民族之矛"的成员不幸被当场抓获——这个战斗小组的其中一名成员便是警局渗透到"民族之矛"中的奸细，行动开始之前，他将整个计划的时间表告知了警方。

这件事让曼德拉的活动更为谨慎。尽管当局投入了越来越多的警力意图逮捕曼德拉，但他仍不断出现在"非洲人国民大会"或者"民族之矛"的秘密会议上，倾听成员们对未来行动的意见，向大家传达总部的命令或报告他非洲之行的情况。

1962年8月5日，曼德拉再一次化装成"别的人"，从德班返回约翰内斯堡。这一次他选择的身份是剧场导演塞西尔·威廉斯的私人司机。车开到靠近霍威克瀑布附近时，三辆坐满了白人的福特V8轿车与他们渐渐接近。曼德拉突然有种不详的预感。随后曼德拉与塞西尔发现他们被包围了：三辆福特V8轿车将他们团团围住，他们面前的一辆车发出信号让他们停车。

当车停下后，一个高个子、面部很瘦、表情严肃的人径直向乘客座位这边的窗户走过来。他敲敲窗户示意曼德拉下车，他的脸色看上去很苍白，也没有刮脸，似乎已经很长时间没有好好休息了。曼德拉立即意识到这是个白人当局的警察，并且他已经在此等候了好几天——组织内部显然出现了奸细，将他们的行踪报告给了警方。

那个人平静地向曼德拉介绍自己是彼得马里兹堡警察局的中士沃尔斯特，同时出示了逮捕令。他要曼德拉表明身份："你的名字？"

"我叫大卫·莫扎马伊。"曼德拉说出了假名。沃尔斯特点点头，然后很有礼貌地问了几个问题，像到过什么地方、往什么地方去。曼德拉避开了这些问题，没有透露给他什么信息。那个警察看起来有点儿恼怒，然后他说："哎，你是曼德拉，这位是塞西尔·威廉斯。你们被捕了！"

曼德拉被捕的消息使黑人区震惊了。"民族之矛"创立之后的一系列行动，使曼德拉在黑人群众中的威望日益提高。曼德拉被捕的消息传出之后，黑人群众震动起来，很快，打着"释放曼德拉"标语和口号的集会出现在南非国内，国际上也出现了一片对于南非当局的谴责之声。

　　曼德拉的被捕，对于"非洲人国民大会"也是一个巨大的打击。自"非洲人国民大会"被政府宣布为非法以来，卢图利的身体状况每况愈下，他常在医院养病。政府的严密监视也使卢图利难以开展工作，很多具体的领导事宜全由曼德拉在负责。"民族之矛"军的建设工作也才刚刚取得一些成果。曼德拉本人也正打算掀起南非国内斗争的高潮。这一切因为他的被捕而中断。但曼德拉在将近一年的地下活动中，基本构建起了"民族之矛"的雏形以及未来的斗争方针，这为以后"非洲人国民大会""民族之矛"的行动打下了基础。虽然曼德拉被捕了，但他的努力毕竟没有白费。

第一次受审，与法庭"针锋相对"

　　1962年8月8日，南非政府决定公开审判曼德拉，出现在法庭的曼德拉的神情还是那么平静，他特意穿着民族服装来到法庭。当他的身影出现时，早已等候在法庭外的群众热情地向他涌去，他们高喊着曼德拉的名字，举着"释放曼德拉"字样的标语。曼德拉被热情的人民所感染，他高喊："权力！"人群以"属于人民"的口号响亮地回答。

　　法官对他的指控有两条：煽动1961年5月的非洲工人罢工以及未持有效旅行证件出国。在一个实行种族歧视政策的国家，这两条罪状对于一个黑人而言简直是致命的，如果指控成立，曼德拉将面临着至少10年的

1962年8月16日，南非约翰内斯堡市政厅台阶上，温妮与其他妇女一起示威高呼，要求释放曼德拉

监禁。面对白人法庭的指控，曼德拉决定为自己进行辩护。第一次开庭后不久，曼德拉被当局秘密从福特监狱转移到了比勒陀利亚监狱。

1962年10月22日，对曼德拉的审判正式开始。群众从各地赶来参加这个对他们所尊敬的领袖的"审判"。

在作自我辩护以前，曼德拉对法庭提出了两点声明："我无意质疑法庭的公正性，但是，我要求主持审理我的地方法官回避此案。并且请让我为自己辩护，我是个律师……我的法律顾问和代理人可以旁听。"

对于曼德拉来说，他并不怀疑法庭判决的公正性——因为没有公正性可言。在一个白人主政的国家里，无论主持审理案件的法官有多么崇高的道德，无论他的声望有多么高，即使他秉持公正的理念审理案件，对黑人而言也没有公正可言——首先法律本身就对黑人不公，其次他是政治犯，而不是刑事犯。他的"原告"即为白人当局，在代表全体白人的政府作为"当事人"的法庭上，由白人的法官来审判他，这已经违背了法庭的客观公正原则。

曼德拉之所以如此大胆地与法庭"针锋相对"，除了他的诉求是合理的之外，他还敏锐地发现了一件事：面对他的时候，法官似乎缺乏自信，并且感到不安。不只是法官，其他陪审的律师也似乎感到困惑。这令曼德拉疑惑的同时，也莫名地感觉到了一种震惊，他发现了从前一个他从未注意的现象：在这个审判他的无情的法庭上，他虽然站在了被告的席位，但是法官和律师们依旧将他视为一个律师；在白人组成的法庭上，他是一个黑人，一个敢于大声为自己辩解的黑人解放运动家，他在压迫者的法庭上是正义的象征，是不尊重美德的社会中的自由、公正和民主伟大思想的代表。

曼德拉坦然地对法官、陪审团，以及旁听的人们说："对我所有的指控，我申明无罪。"他言辞犀利、条理清晰、头脑冷静。在原本应该是审判他"罪行"的法庭上，他对一群白人侃侃而谈"非洲人国民大会"的政治理念。他还指控警察、特务、内奸，甚至沃尔沃德总理的秘书有罪。这些法官在曼德拉的滔滔雄辩下败下阵来。他仿佛不是在法庭的被告席上，而是在群众集会的中心，痛陈南非近300年来种族主义制度下黑人所受的伤害，以及这个制度的残忍、不合理。曼德拉的举动令在场所有人为之瞩目。

听众席上，温妮和从特兰斯凯赶来的曼德拉部族的亲戚身着科萨人服装，骄傲地听着曼德拉条理清晰的辩论。温妮眼中对丈夫和未来的担忧被很好地掩藏了起来。每当曼德拉诉说黑人遭受过的苦难时，他们便高昂起头颅，这给予了曼德拉以无言的支持。

这一次审理曼德拉再度胜利，法官表示需要再对案情进行研究。当身穿民族服装的曼德拉被白人警察押送着走出法庭时，等候已久的人群再次沸腾了。曼德拉微笑着再次向群众致意，神态从容不迫。他原本有些不安的心，已经在这些日子中安定了下来——尤其是面对白人法官的时候，他再度坚定了自己的信念。

然而10月25日，在经过一整天的商讨后，法庭最终判决曼德拉犯有煽动罢工罪和无护照出国罪。他即将面临长达 5 年的监禁。这是十分严厉的重判。在最后的判决之前，曼德拉有一个小时的时间为他的减刑争取辩护。

"无论我受到怎样的判决，也不会改变我投身斗争的决心。"珍贵的减刑诉求时间，曼德拉并没有为自己的判决而徒劳地向法庭辩解，他只是做了一个长达一小时的个人说明，向法官、律师、旁听的所有白人，诉说他是如何从一个普通的黑人青年，变成了"政治犯"，诉说他是如何在自己的国家里受到种种苛刻的限制、迫害，白人政府又如何将枷锁加诸他以及所有黑人的身上——他不是一个罪犯，犯罪的是政府和法律。

曼德拉说完了——时间到了，短暂的一个小时根本不够诉说黑人的冤屈与苦难。法官竭力做出平静的样子宣布休庭 10 分钟。曼德拉转身看了一眼他身后的人群，他看到了许多黑人，还有身着传统服饰的温妮，他们都注视着他。时间仿佛被施加了魔法般迅速地溜走，10 分钟很快就过去了，他的心情十分的平静。1962 年 11 月 7 日法官宣判——总共判处 5 年监禁和苦役，并且不允许保释。听到这一消息，有人在哭泣，更多的人开始唱歌，《上帝保佑非洲》的旋律汇聚成一道直上云霄的强大声音。庭审结束，曼德拉走下楼梯，温妮注视着他，他们互相朝着对方微笑，进行了无言而短暂的告别。曼德拉知道，笑容是面对灾难时最好的表情。

第二次审判

曼德拉被捕入狱以后,"民族之矛"继续运作着,在沃尔特·西苏鲁和雷蒙·姆赫拉巴的领导下,频繁地展开对政府的武装斗争行动。小分队在一位破坏能手乔·莫迪斯的率领下,在黑夜之中神出鬼没,破坏约翰内斯堡、德班等地的电话线,令该地区的电话通信常常中断。不仅如此,为了加大对南非政权的打击力度,"民族之矛"的最高指挥部,还制订了一项称为"马伊布耶行动"的方案。

"马伊布耶行动"方案旨在扩大破坏活动的范围,并开展游击战,还提出了利用外国力量推行南非黑人解放运动的政策。但是西苏鲁在与最高指挥部的其他成员对"马伊布耶行动"方案进行讨论时,一伙警察袭击了他们的秘密集会点。他们被渗入"民族之矛"的奸细告密了,警察几乎将"民族之矛"的领导层一网打尽。被捕的人员中有戈万·姆贝基、丹尼斯·戈尔德伯格、凯西(凯斯拉塔)、鲍勃·赫普尔、莱昂内尔·伯恩斯坦和雷蒙·姆赫拉巴等"民族之矛"的骨干成员。大量的组织文件也被警方缴获。

更为严峻的是,在被警方缴获的所有文件中,其中有大约250件"罪证"与当时已被判刑5年的曼德拉有牵连。当警察从文件中发现了曼德拉与"民族之矛"有联系的证据之后,南非当局简直欣喜若狂。他们立刻作出反应,将被关押在罗本岛的曼德拉转移到了比勒陀利亚监狱。而此时曼德拉由于被监禁,一切的信息获取渠道都被当局封死。曼德拉与外界隔绝了长达9个多月,他还不知道"民族之矛"发生的变故,更不知道当局马上就要对他发起新一轮的指控。当曼德拉被押送到比勒陀利亚监狱后,他吃惊地发现西苏鲁、姆贝基、姆赫拉巴等战友统统被警察看押着。此时,曼德拉立刻明白了"非洲人国民大会"与"民族之矛"的行动被当局抓住了把柄,一场新的战斗就要来临。但曼德拉并不感到害怕,他目视着与他一同被关押的同志们,此刻他们又站在了一起,像几年前所经历的那场审判一样,互相鼓励准备一场新的战斗。

很快,对于曼德拉等人的指控开始了。第一次开庭是在1963年10月9日。虽然警察采取了种种威胁手段,他们记录下来旁听的人们的姓名,还拍下他们离庭时的照片,但旁听席上仍挤满了人。面对政府的指控,布拉姆声明他们没有辩护材料,曼德拉等人是在一天前才收到控告书的。而政府却已经就辩护进行了长达三个月的准备。最终主持审判的法官德·韦特给予曼德拉等人三周的时间准备,第一次审判于是被推迟到了10月29日。

10月29日,法庭第二次开庭。曼德拉等人先声夺人,反诘政府控告方的代表尤塔。这次审理最终以撤销起诉结束,但还未等人民开始欢呼,白人中尉斯瓦尼普尔拍着曼德拉他们的肩膀说:"我们(南非政府)准备按照破坏罪指控重新逮捕你们。"

12月初,起诉方对曼德拉等人提出四条指控:(1)招募和训练人员使用炸药,准备在南非国内进行游击战争,并且通过破坏政府机构等活动,进行暴力革命;(2)与游击战争、破坏行动配合,计划借助外国军事力量入侵南非,并与外国军事力量进行协调合作;(3)支持共产主义革命;

（4）为此目的，请求并接受外国组织的资助。

曼德拉是一号被告。当曼德拉被叫起来为自己辩护时，他只说了这样一句话："尊敬的阁下、诸位先生女士，我认为今天应该站在被告席上受审的是政府，而不是我和我的同伴，我仅仅能申明我和我的同伴们是无罪的。"

尽管他们被警告不允许诉说政治方面的事情，只能表示认罪或者不认罪。但曼德拉等人并不理睬这个"规矩"，他们借用辩述的机会尽情批判南非政府。每个人都申明自己无罪，他们绝不认同南非政府给他们安上的罪名。

在随后5个月的政府诉讼过程中，政府提供的很多证据都与事实不符。当局的意图非常明显：他们想尽力让曼德拉等被告人的罪名成立，最好是能被判处重大叛国罪，然后送上断头台。因此在起诉过程中，当局不遗余力，从各地找来一共173个证人出庭做证，其中一个是"非洲人国民大会"以及"民族之矛"的成员。他的背叛令曼德拉等人的处境变得极为糟糕，他指证曼德拉在访问非洲回国后，曾到纳塔尔的地区指挥部作报告，他还做假证，指控曼德拉是共产党成员。

1964年6月11日，法庭裁决：曼德拉等人被指控犯有公诉人提出的四条罪行。在9名被告中，8人被判有罪，只有伯恩斯坦被宣布无罪。对于法庭的判决，曼德拉等人的情绪都很镇定，在长达五个月与政府的博弈当中，他们感受到了南非当局不加掩饰的恶意，对最终的结果早就有了最坏的打算，他们已经对判决结果不再关心，此刻他们所关心的，只是未来组织该如何激励正在作斗争的黑人群众。最终曼德拉等人一致决定，如果被判死刑，他们将不提出上诉。他们认为，时间会洗刷他们今日的冤屈，他们的死亡会是唤醒民众的一剂强大的清醒剂。

6月12日是法庭最后宣判日。这一天,温妮带着5岁的泽妮和4岁的津芥赶到了庭外,她与其他人一起守在法庭外面。周围到处是情绪激昂的群众,此刻人群的心都为曼德拉等人——那些一直在前方带领着他们的领袖所牵动。人民关心他们即将面临的命运。正如西苏鲁的夫人所说的那样:"对于我们——他的人民来说,曼德拉就是一切。"人们打着标语牌,喊着口号,高唱各种战斗歌曲。大批记者也赶到现场,他们想尽早知道对这批"利沃尼亚人"的判决结果。

激动的人群被法官要求安静下来。接着法官宣判:曼德拉被告所犯的罪行实质上是重大叛国罪,但政府并不以此种方式进行指控。鉴于此,并经过对本案认真考虑,法庭最终决定不对被告们处以极刑,而对所有被告判处终身监禁。

不是死刑,而是终身监禁,这个结果比曼德拉等人设想的要好一些,至少他们不用被绞死,活着就说明有希望。这一刻,8名被告都露出了微笑。这不仅是辩护律师的胜利,也是人民的胜利。正如温妮所说,人们的情绪这样激动、国际舆论这样强烈,如果南非当

1964年6月,南非比勒陀利亚,反种族隔离领袖、南非"非洲人国民大会"成员曼德拉等人被判处终身监禁。图为离开法院时,拳头伸出囚车

局敢冒险处死曼德拉等人，整个国家都将燃烧起来。

曼德拉上囚车的时候，温妮拖着两个女儿拼命往前挤，希望能离曼德拉更近一点。后面的人们也尽力将她们往前推。这时候，却有一只手抓住了温妮的肩膀。温妮回头一看，原来是治安分局的警察。"别忘了你的许可证！"那家伙恶狠狠地道，"在两点以前你必须回到约翰内斯堡！"温妮气愤至极，她狠狠地踢了那家伙一脚，并以更加凶恶的语气说："走开！谁能想象！这最后一天！我的丈夫被判处终身监禁，而我还必须念念不忘许可证和它所规定的时间！"

宣判结束的当天，曼德拉等7人被押送往罗本岛，丹尼斯·戈尔德伯格，被告中唯一的白人，则被送回比勒陀利亚中央监狱。他们尽管没有被处以死刑，但政府的这一判决已充分体现了它的残暴性。舆论在怒吼，进步力量在怒吼，世界上的所有人都为之震动。

来自国际社会舆论的压力

利沃尼亚的审判落下了帷幕，但世界上对于南非政府的舆论谴责，却悄然拉开了帷幕。经过媒体广泛的报道，曼德拉等几名被指控犯有叛国罪的囚犯，却在全球掀起一个支持"利沃尼亚人"的浪潮。曼德拉的名字，以及他与同伴们的遭遇，牵动着全世界有识之士的心。

在曼德拉等人被宣判有罪后，联合国安理会通过决议，强烈要求南非当局对被告实行赦免,并释放所有因为反对种族隔离而被关押、被判死刑的政治犯。坦博领导的"非洲人国民大会"国外代表机构向国际社会发出强烈呼吁,号召国际社会给予南非制裁。联合国亚非集团也发出了要求制裁南非的强烈呼声。

实际上长久以来,联合国便对南非的种族隔离制度予以斥责,反对南非政府对所有因反种族隔离制度而被审判的"罪犯"实行惩治,并多次谴责南非的种族隔离法。

1963年6月18日,联合国安理会又通过一项决议,再度谴责了南非的种族主义政策,敦促南非政府尽快改善国内黑人的处境,并建立一个关于种族隔离问题的特别委员会,以审查可能对南非实施的制裁措施。

除了联合国,其他国际性的组织也对南非的种族隔离制度予以斥责。1963年6月26日,国际奥委会宣布:如果南非政府不对现有的种族隔离政策进行修改,并最迟在1964年8月16日以前实行,它将禁止南非参加1964年的东京奥运会。由于南非政府坚持不派出有多种族队员的代表队,继续实行歧视性政策,国际奥委会最终决定禁止南非参加1964年的东京奥运会。

1964年11月30日,联合国南非种族隔离问题特别委员会宣布:基于南非政府顽固的立场,若要迫使南非当局放弃实行种族隔离制度,最有效的办法是对南非实行全面的经济制裁。

利沃尼亚审判结束后,曼德拉等人立刻成为了世界关注的焦点。伦敦的《泰晤士报》这样报道南非民众的反应:"法庭宣判之后,人们忍无可忍,他们高喊着口号,朝'罪犯'涌去,冲垮了警察的防护线……历史最终将判决大权在握的政府有罪,这已经是世界舆论的判决。"

《纽约时报》则评论说:"对世界上的大多数人来说,利沃尼亚人是英雄和自由战士,是南非的乔治·华盛顿、本杰明·富兰克林,而不是应被处罚的罪人。"

"非洲人国民大会"主席卢图利发表声明,他赞扬曼德拉等人代表了南非黑人解放斗争中最崇高的道德和伦理。曼德拉等人一贯在斗争中强调和平,以不伤害人这样的"软目标"为纲领,合理合法地进行为黑人解放而战斗的行动,他们的政策充满了人道主义的国际原则。现在,尽管曼德拉等人被投入了监狱……但他们依然深深地信仰正义和理性。

卢图利在声明的最后向全世界呼吁,立即行动起来对南非进行制裁,迫使南非政府认识到他们的错误、停止他们的暴行,以防止出现可能成为非洲最严重的悲剧——种族战争。卢图利的声明给予了黑人民众极大的鼓舞,使人们因为曼德拉等领袖被捕入狱而沮丧的心情重新振作。

对南非的种族歧视政策,谴责最有力也最激烈的是亚非国家。他们对南非的境况十分了解,对"非洲人国民大会"也早有耳闻。1963年2月4日至11日,在坦噶尼喀的莫希举行的第三届亚非人民团结大会通过了关于南非的决议。

决议表示:亚非国家注意到南非白人少数政府,正对南非白人进行武装。他们不仅没有改革的意图,还试图以暴力继续实行种族隔离制度统治。对此,非洲人民已经决定要用暴力来自卫和进行斗争。对于"民族之矛",亚非人民团结大会表示高度的赞扬与敬意。对于南非黑人争取解放的斗争,大会呼吁一切亚非国家的政府和解放运动予以支持,并对与南非当局进行军火交易的西方国家强烈谴责。最后,大会发出呼声:立即赦免曼德拉等政治犯。

国际上的舆论谴责令南非当局很尴尬。在利沃尼亚审判期间,国际社会对南非的谴责之声从未停止,巨大的压力最终迫使法庭宣判了曼德拉等人终身监禁,而不是南非当局希望的死刑。这也许是南非当局绝对想不到的——仿佛一夜之间,曼德拉这个默默无闻的黑人运动家,一个在政治上甚至算个"小伙子"的黑人,变成了著名的国际政治家。联合国为他呼吁,那么多影响力遍及全球的报纸为他撰文。他仿佛成了一个太阳,寄托了南非黑人渴望自由的愿望,在南非的天空冉冉升起。

冰冷的监狱,隔不断彼此炽热的爱

  曼德拉被捕入狱,并被判处终身监禁之后,温妮和孩子们的处境一下子变得更为艰难,她不仅要忍受失去丈夫的痛苦,负担起独自养育孩子们的职责,还要受到南非当局无尽的刁难,被监视、被限制人身自由成了家常便饭。温妮唯一能依靠的就是她坚强的意志,无论处在怎样的境地,她都绝不放弃对家庭和对曼德拉的爱与忠诚。

  曼德拉入狱后的头几周和头几个月,温妮简直像生活在地狱里。无尽的孤独将她层层包裹。她的丈夫曼德拉,一个如此不凡的人被当局和毫无公平可言的法律从她身边夺走了。面对这种情况,温妮摸索着前进,试图适应这种生活,但那是极其困难的。在那段时间,只有曼德拉的信能够激励着温妮前进。

  曼德拉等人作为被南非当局深深忌惮的"政治犯",不仅被严密地监禁起来,就连享受家人探视的权利也受到了严格的限制。他们每年只允许被探望一次，而且不许探视者与犯人有任何接触，每半年才能写一封不到500字的短信。当局对曼德拉尤其"照顾"，在探视上的限制更为严格。他们还使用诡计为难温妮，他们不允许温妮离开居住地，迫使她失去工作，寄望困难的经济状况能令她在探视曼德拉的高昂路费前退却。

除此以外，他们每半年才有一次的通信机会，也受到了严格的盘查。每一封信在到达曼德拉手中前，都被狱警随意拆开查看，发现了"不合规矩"的地方，就用墨水涂掉或者干脆裁剪掉。一封信被裁剪得乱七八糟是常有的事情。并且，狱警文化水平不怎么高，所以审查、删减一封信可能要用一个月的时间，这样曼德拉收到信的时间就要比预计的时间晚很多。

1967年7月9日，温妮经过长途跋涉，来到罗本岛监狱探望曼德拉。走上这个监禁自己丈夫的海岛，温妮目不斜视，穿过一排排紧盯着她的狱警，径直走到候见室。罗本岛的环境简直糟糕透顶，不仅气氛阴森压抑，戒备也极其森严，她走过的地方都有大批的狱警巡逻。狱警们似乎对温妮的到来如临大敌，表现得简直有点可笑。环望候见室，这是个空荡荡的破旧房子，窗台上有个很大的烟灰缸，是用贝壳做的，里面扔满了烟蒂，旁边的两个厕所又脏又臭。一位军官走到温妮跟前，凶恶地警告了她一番："记住，你只能谈家务事和孩子，不能谈别的，不能谈政治问题，也不可以说我们听不懂的话！否则我们随时可以让你滚蛋。"他自顾自地说完，便走进了候见室的门内，过了一会儿，他喊道："行了，你可以进来了。"

然后，在三名看守的陪同下，温妮终于见到了她朝思暮想的丈夫，他变得消瘦，脸色也很不好，几乎不像她认识的那个伟岸的丈夫，只有脸上的笑容未曾改变。他们之间，隔着一块厚厚的、不透明的玻璃，温妮要努力地睁大眼睛才能勉强看清曼德拉的身影。她走到玻璃前坐下，一个破旧的麦克风摆在她跟前，温妮尝试着说了一句话。玻璃另一边的曼德拉立即回应了她。他们就隔着那块玻璃，用一个不太好使的麦克风互相问候安慰。狱警们用嘲笑的眼神睥睨着他们，可曼德拉与温妮却毫不在乎。

"孩子们怎么样了？"曼德拉非常关心家人的现状。

"都很好，女儿们都上学了。"温妮回答。

实际上，温妮在女儿们入学这件事上，受够了南非当局的刁难。温妮原本打算将津荠与泽妮送到有色人种学校，但当她为两个女儿注册之后，当局却通知她，她的孩子们不允许在有色人种的学校读书。温妮又辗转了数个学校，却都被拒绝。在无计可施的情况下，她只好借助朋友们的力量，将两个幼小的女儿送到遥远的邻国斯威士兰去读书。这只是她如今艰难生活中一次习以为常的灾难罢了，更多的艰辛无法用语言描述。

曼德拉只能嘱咐温妮坚强地活下去："对我来说，生活和幸福就是你的爱和支持。"他们不知不觉就贴在了玻璃上，希望能更加看清对方。温妮担忧地看着曼德拉消瘦的面庞。她对曼德拉的担心不比远在异国的女儿们少，她担心他在监狱里受到虐待、担心他生病，她是多么希望此刻一家人依然在一起，过着幸福的生活。

"时间到了！"狱警高声宣布温妮应该离开了。曼德拉与温妮仿佛如梦初醒，只觉得时间流逝得如此之快。他们只好站起来，隔着厚厚的玻璃隔板相互吻别了。

就这样，曼德拉夫妇以这种炽热的爱——相互的爱慕，对亲属的眷恋和对人民的热爱，来拥抱这个世界。

第二章
CHAPTER 2

炼狱罗本岛

监狱囚禁了曼德拉的躯体,却囚不住他的思想。炼狱中的日子更磨炼了他的耐心。曼德拉知道,此刻的苦难不会是永远,他相信自己终将有自由并投身民族和解的那一天。

罗本岛，人间地狱

在距离开普敦西北方向 7 英里的海湾之中，有一座与世隔绝的小岛，它四面环海，无遮无挡。冬天，这里狂风呼啸、海浪翻滚；夏天，这里酷暑难耐、日夜蒸熏。它最初的居民只有海豹、蛇类以及各种偶尔经过这里并在这里歇息的海鸟。自从白人发现了这个地方，它就从一个普通的海岛，变成了当局最大的"秘密监狱"。最初英国人用它来流放麻风病人，荷兰裔白人接手这里以后，它成了流放所有当局"看不顺眼"的犯人的绝佳场所。罗本岛，即为"死亡岛"。它被改造成监狱的时间远远比不上作为一个自然环境中一部分的海岛的

图为罗本岛监狱。1994年11月新南非诞生。罗本岛于1996年9月被政府宣布为国家博物馆，成为著名的瞻仰地和旅游胜地。1999年12月，罗本岛被联合国教科文组织列为世界文化遗产

时间，却几乎见证了白人在南非统治之中全部的暴政。日后，它又变成了解放抗争的一个象征。

曼德拉等人被押送到了罗本岛，这不是曼德拉第一次来到这个"秘密监狱"。刚下飞机，狱警们便将他们围住看管起来，并命令他们在监狱外站成一排。

"把你们的衣服都脱掉！"监狱生活侮辱性的仪式之一就是当犯人从一个监狱转到另一个监狱时，第一件事情就是脱下旧监狱的囚服换上新监狱的囚服。曼德拉等人在寒风之中脱去了旧囚服，然后他们领到了罗本岛的囚服：一条短裤、一件卡其布的小背心、一件质地很差的帆布夹克，还有一双用汽车轮胎做的拖鞋。当然，这些是给曼德拉这样的非洲人"特别的"囚服。作为印度人种的凯西，则额外领到了一双袜子，裤子也是长裤而非短裤。

在罗本岛，政治犯被划分成A、B、C、D四个等级，曼德拉等人是D等级，也就是最低等级。除了探视、通信等方面受到严格限制，伙食极差、没有任何娱乐活动可言，每天还必须前往石灰采集场，进行繁重的体力劳动。

罗本岛普通的一天从早晨5点30分左右开始，狱警们用警棍敲打监狱栏杆叫醒囚犯，然后命令他们整理和清扫牢房；6点45分准许犯人离开牢房，到公共厕所刷洗马桶，这时犯人之间才有机会悄悄交谈几句。然后是早饭时间，吃饭之前犯人要排队接受看守的检查，如果有衣服、鞋帽穿着不符合规定的，就要被关禁闭或不给饭吃。检查完毕，开始上午的劳动。午饭是凉玉米片粥。午饭过后到下午4点，是到石料场劳作的时间，劳动时间内犯人不准交谈。下午4点30分犯人从石料场被押回监狱，在牢房里吃晚饭；晚上8点按规定开始睡觉，看守在走廊里来回巡视，不准交谈，不许阅读写字。

挖石灰石是一项十分繁重的劳动，他们被狱警押送到石料场，在狱警的监视下将石灰料从石头里剥离出来，他们相互之间不许说话，甚至不许有眼神交流。犯人必须一刻不停地劳作，没有休息时间。每天傍晚收工时，犯人们一个个满身白灰，疲惫不堪。常年在石料场工作的经历，对曼德拉的健康危害很大，阳光直射在石灰上，雪白的眩光极大地损害了曼德拉的视力。为此，曼德拉多次向当局申请能在劳作时戴上一副太阳镜，但两年之后当局才同意他这个请求。

除了繁重的劳作，监狱方面将曼德拉等人无声无息地隔绝了。在利沃尼亚接受审判时，即使有可能面对死亡，但曼德拉等人并不感觉到特别可怕，因为家人在他们身边、支持者在他们的身边，他们与外界紧密联系。但来到罗本岛后，这种联络的纽带被硬生生地切断了。监狱严格控制了他们与外界通信的渠道，狱方不允许曼德拉等人读报、听广播，不允许他们借阅书籍，每天除了干活就是干活，时间仿佛凝固了一样不会变化。监狱里也没有日历让他们知道究竟过了多久。

这种可怕的、仿佛孤立一样的监禁，会让人渐渐对外界的反应迟钝。这就是南非当局的意图：磨灭曼德拉等人的意志，让他们慢慢地在外界的报纸、舆论中销声匿迹，最后默默无闻地死在这个与世隔绝的小岛上。

罗本岛严酷的环境被曼德拉等人当成了新的考验。这是一次持久的战役。他们要学会在艰苦的环境下生存，并保持斗志。他们意识到，如果想要靠个人的力量完成这场"战役"的胜利，几乎是不可能的，唯有所有的囚犯都团结起来，相互关心、相互支持，成为一个坚强的集体，他们才有获胜的可能。

绝食行动，一次无声的反抗

自从罗本岛变成监狱以后，它成了白人压迫黑人历史的一部分，也成了黑人反抗斗争的一个象征。

早在1966年7月，普通区的囚犯由于再也忍受不了罗本岛恶劣的待遇，开始集体绝食。狱警们起先嘲笑囚犯们的举动，并将食物故意撒在他们面前，但是很快，这个消息传到了关押曼德拉等人的囚区，曼德拉与其他政治犯立刻也开始绝食，以响应普通囚犯的抗议举动。

相比普通囚犯，监狱方面更害怕曼德拉等政治犯出意外，他们害怕被外界的舆论所抨击。曼德拉等人绝食开始之后，狱警们先是嘲笑辱骂，尔后搬来冒着香气的牛排与新鲜的蔬菜，不断引诱绝食的政治犯们。

监狱方面的举动徒劳无功，曼德拉等人丝毫不为所动，一直坚持到总集中营派人与狱方谈判通知绝食结束为止。曼德拉认为，这是岛上第一次也是最成功的一次绝食。

曼德拉深知联合的力量，比如绝食抗议的行动，他虽然高兴于普通囚犯还具有一些反抗精神，并为此作出努力，但是他也明白，如果光靠普通囚犯的举动，监狱方面不可能这么快妥协，他们这些被当局忌惮的政治犯，不仅在生活起居上饱受折磨，而且政府明显不希望再让他们接触到一丝一毫的外界信息，他们被严密地限制着，不但不能看书、不能读报，而且不能与普通囚犯交流，更不能集会。

不知道外界的信息，也就很容易错失一些良机。曼德拉等人决定尽力与普通区域的囚犯们传递信息。相比他们这些政治犯，对普通囚犯的限制要宽松得多，得到外界的物品诸如罗本岛最珍贵的报纸，也比较容易。

这是个冒险的举动，然而曼德拉等人却义无反顾。他们有勇有谋，为了避开狱警的耳目，曼德拉等人利用一切被监狱方面忽视的"废料"，比如清晨时被狱警在吃完三明治后随手扔掉的包装纸，以及狱警们扔掉的火柴盒。火柴盒仔细加工后变成了底部拥有一个夹层的"通信工具"，包装纸被小心裁剪，用泥土、菜汤、牛奶等书写字体，然后装进火柴盒，再"不经意"地扔在普通囚犯们前往石料厂的路上。

他们还在盛饭的盘子底下小心地贴上字条，利用清洗餐具的机会将字条放上或者拿走——普通区的囚犯们回应曼德拉等人时，也利用这样的方式。甚至他们还在马桶的底座边缘粘上字条，普通囚犯们故意犯规，然后被禁闭——这样他们就可以使用同一个厕所。

利用这些方式，曼德拉等人居然成功地与普通区的囚犯们建立了联系，能够互相沟通信息——而监狱方面对此毫不知情。

曼德拉等人也坚持不懈地抗议监狱对政治犯的苛待，他还利用自己的法律知识帮助其他的囚犯，或者应付狱警们毫无理由的戏弄与刁难。一天早晨，犯人们被带到监狱办公室，按要求留下手印，然后看守要求他们站好，准备照相。穿着囚犯的衣服拍照这种侮辱人的做法，等于将他们的身份定格在监狱囚犯上。曼德拉不愿意接受这种侮辱。于是他对看守说："我希望你拿出监狱总长批准给我们照相的文件。"看守拿不出批文，但是仍然蛮横地威胁要惩罚曼德拉等人。曼德拉坚定地表示，如果没有批准文件，就不能照相。面对熟知法律规定的曼德拉，看守们无计可施。

曼德拉从来没有对前途失去信心，正是这种顽强的信念，才使他熬过了漫长的监禁生涯，并且没有丧失斗志、没有磨灭信心。曼德拉在到达罗本岛的头一天，便在牢房中暗暗做了一个简易的"日历"。每过去一天，他就在墙上画一道杠，每隔一段时间统计一次。他相信自己终究会有自由的一天。

笼中雄狮，利牙犹在

1966年，南非总统沃尔沃德被刺身亡。沃尔沃德是种族隔离制度的推行者，他残酷地对待南非的黑人。尽管刺杀他的是一个白人，但此事还是令南非的局势变得更为紧张。政府几乎是疯狂地打压所有黑人的进步势力，对曼德拉等人的看管也更为严格。沃尔沃德被刺身亡直接致使南非政府在1967年颁布了一系列法律，其中最著名的是《反恐怖法》。这部法律将"阻碍交通""妨碍国家事务管理""用威胁手段企图实现某一目的"等行为定义为恐怖活动，警察可以根据此法任意拘捕嫌疑人，拘禁时间可以任意延长而不必交给法庭审判。

事实上，南非政府本身就是最大的恐怖组织——对黑人而言，这部所谓的《反恐怖法》，直接剥夺了人民合理集会抗议的权利，将其定位为恐怖活动，这令黑人解放活动家们的行动更为艰难。南非当局被沃尔沃德的死深深刺激，几乎已经快扯下虚伪的遮羞布了。

在监狱内外局势越来越紧张的情况下，曼德拉等人却决定建立罗本岛上的"非洲人国民大会最高机构"。由于当局长期隔绝他们与外界的联系，限制他们获取信息的渠道，尽管曼德拉等人通过各种努力获取外界的信息，但是当信息传递到他们的手中时，大多已经不再具备时效性。

在缺乏情报来源的情况下，他们与外界已经隔绝，对斗争的局势无法清晰地掌握。因此，曼德拉等人决定，罗本岛的"非洲人国民大会最高机构"，其活动范围以及纲领只在罗本岛之内，以免他们由于信息的错判而做出给外界的"非洲人国民大会"带来干扰的举动。

罗本岛"非洲人国民大会最高机构"，由曼德拉、西苏鲁、姆贝基、穆巴拉等"非洲人国民大会"成员组成。这个监狱内的"组织"，其宗旨除了带领囚犯们争取应有的权利、抗议监狱方面种种侵犯人权的举动外，还努力与政治犯区域内其他的党派沟通。南非共产党、泛非主义阵线等不同的黑人进步党派成员，他们共同被囚禁在这严酷的罗本岛内，长期繁重的劳动以及刻板教条的管理，一点点折磨着他们的肉体与精神。曼德拉试图通过互相之间对政治的见解、对黑人运动的看法、对未来局势的讨论等，重新燃起他们心中斗争的火焰——至少要挫败监狱当局麻痹他们神经的阴谋。

在曼德拉等人的努力下，在罗本岛，这个与世隔绝的监狱中，由各个政党的代表——尽管此刻他们只是南非当局的阶下囚——组建了一个政治犯委员会；囚犯们正襟危坐，严肃地交换不同的政治见解，激烈辩论国家的未来，仿佛他们此刻不是身穿一条短裤饱受歧视的犯人，而是站在南非最高政治会议上侃侃而谈的议员。

政治犯委员会由各个政党的代表轮流出任主席。囚犯们精心设计了自己的政治教育形式，由曼德拉担任教师，他在岛上的白沙地写字，然后组织大家讨论。

囚犯之间的互相支持对于能够在孤岛上活下来是至关重要的。他们暗地里尽量重建他们的外部政治组织。监禁政治犯的隔离区变成了各个政党的

图为曼德拉和"非洲人国民大会"成员西苏鲁在罗本岛监狱

"最高指挥中心",当然范围仅限在罗本岛。他们互相沟通,曼德拉本人的人格魅力在此时发挥了巨大的作用。最初,关在罗本岛的政治犯大多是泛非主义者大会成员,曼德拉等人入狱之后,越来越多的"非洲人国民大会"成员被关押进来。起初这两个政党之间缺乏沟通,也不能互相协作,但在1976年,曼德拉成功地与罗本岛内泛非主义者大会的领导者签订了一份请愿声明,共同声讨当局对囚犯们不公正的待遇。

身陷囹圄的曼德拉深知,他被释放的日子遥遥无期,他不愿意身体与意志在日复一日、繁重苛刻的劳作中麻木,他顽强地探寻每一个有利于改善现状的渠道。曼德拉成功了,即使在监狱之中,黑人解放运动的组织也暗暗地结成一张紧密的网——就在南非当局的眼皮子底下。

曼德拉就像被关进笼子中的雄狮,他假寐、神态悠然,他成功麻痹了他的敌人,使他们忘记,即使在笼中,雄狮的尖齿利爪也依然存在。

可以囚住躯体，但囚不住灵魂

在罗本岛关押政治犯的隔离区中，政治犯委员会紧密地运行着。每天凌晨3点30分，曼德拉醒来，在他自己那间不足5平方米的囚室里原地跑步45分钟，做100个俯卧撑、200个仰卧起坐、50个下蹲——被释放的日子遥遥无期，但是曼德拉确信他不会一直关在监狱里，他终有一天会走出监狱，为此他要保持健康的体魄，继续投身黑人解放运动。

清晨5点30分，狱警们呵骂着叫起所有的囚犯——一天的劳作开始了，一直到下午4点。囚犯们再度在狱警的看押下回到隔离区。这个时候，是囚犯们秘密的"讨论时间"，而狱警们对此一无所知。

曼德拉是在囚犯们讨论时的"最不知疲倦的参与者"，他每天都要忙于会见狱友。这个工作包括询问其他囚犯的利益是否被侵犯以及倾听他们的抱怨。他和不同政党的成员讨论，他们的意见有时候一致、有时候尖锐地对立，他曾经与南非共产党成员戈万·姆贝基激烈辩论，争端之一就是和支持种族隔离的政府、组织或者个人合作的问题，姆贝基对此坚决反对。另一个问题是"非洲人国民大会"和共产党的关系。在国家解放之后是建立资本主义还是社会主义基础的问题上，他们也各执己见。

在罗本岛，最珍贵的"违禁品"当属报纸，自被关入罗本岛伊始，曼德拉等人就一直争取能够读报的权利，当局限制了他们获取信息的渠道，曼德拉等人便自己发掘，每当获得了这些珍贵的"违禁品"，曼德拉等人就会秘密传看，或把重要消息抄在小纸条上传给别的难友。

他们还找到了另一种了解时局的方法：当他们的待遇突然恶化，不必多言，必定是外部的情势发生了变化，有可能是运动组织们给南非当局又一次打击，或者人们爆发了大型的罢工、集会，当局无可奈何，就会习惯性地拿他们这些政治犯发泄。如果有一天狱警们突然和颜悦色，那么必定是国际上掀起了新一轮谴责南非的狂潮，或者有哪些著名的国际组织要来监狱探望他们这些被"隔绝"的人。他们还能从新来的犯人那里得到有用的情报。被关进监狱的游击战士、自由进步领袖等，每一次监狱被投入大量新"囚犯"，就代表着有新的大事发生。

1969年4月22日，曼德拉代表被关押在隔离监禁所的所有政治犯致函司法部长。在这份请愿书中，曼德拉与他的21名单人牢房的战友要求真正享受政治犯的待遇，即有比较合适的伙食、衣服、床上用品；应有阅读一切未遭禁止的书籍报刊、听广播和看电影的权利，应有选择专业学习的机会。

虽然这个请求一再被当局驳回，但是努力总有成效，尽管不是那么太尽如人意，但在曼德拉等人的努力下，他们可以函授攻读大学学位，当然政治军事方面的专业不允许申请，但是由此带来的好处是他们可以借阅书籍，虽然报纸和期刊不允许犯人接触，但是纯学术刊物是可以申请借阅的，有一次一位政治犯出面申请阅读《经济学人》，这是一本具有全球影响力的综合性期刊，但是由于狱警学识不足、望文生义，竟然同意了这个请求。此后长达半年的时间里，曼德拉等人过上了"周周有报看"的幸福日子。直到监狱方面终于发现他们的疏忽。

能够继续学习，另一个好处是他们拥有了久违的纸张与写字的笔。这令曼德拉的同伴们生出了一个想法。凯西和西苏鲁对曼德拉说道："为什么不写一本你的回忆录呢？不要把这看作是个人的事。"被人们称为"'非国大'的历史学家"的西苏鲁语重心长地说："这是我们斗争的历史。"凯西则补充道："你知道什么时候发表这部回忆录最适宜吗？在你60岁生日那天，还有4年工夫呢。"

曼德拉愉快地接受了这个建议，他开始消极怠工，每天回到监狱之后便倒头就睡，等所有人，包括狱警都已经休息之后，他悄悄地爬起来写作。不几天日夜颠倒的生活就令他精神不济，他趁机对监狱当局表示身体似乎有些问题，要求免去石料场的劳作。当局同意了，从此曼德拉白天睡觉，晚上写作，进度非常快。在短短四个月的时间里，就完成了500页的初稿。这本狱中写成的初稿，是后来曼德拉自传的雏形。

狱中"对话"，结交特殊朋友

在罗本岛漫长艰苦的岁月中，曼德拉有一份珍贵的收获，就是结交了一位特殊的朋友：白人中尉格雷戈里。

最初，格雷戈里负责查看曼德拉来往的信件。他深受南非政府影响，相信曼德拉是个"魔鬼"、是个恐怖分子，要烧毁白人的家园，抢走他们的财富和土地，把他们都赶下大海。但是很快，在与曼德拉的接触中，他渐渐发现这个被传言形容成"魔鬼"的男人,有种难言的气质,他从不用咆哮显示自己说话的分量,他对任何一个人,哪怕是侮辱他的狱警也保持起码的尊重。他还十分自尊自爱,在监狱之中,也顽强地与严苛的待遇抗争,并如饥似渴地吸收知识。格雷戈里在查阅曼德拉的来往书信时,发现曼德拉是个关心家庭的、温和的人。他的所见所闻都使他明白,曼德拉与传闻中的大不相同。

格雷戈里开始不由自主地与这个他看守的囚犯交谈。在与曼德拉交谈的过程中,格雷戈里惊奇地发现,曼德拉拥有渊博的知识,他谈吐幽默,一些长久困惑自己的问题,对曼德拉而言都不是难题。渐渐地,格雷戈里不由自主地软化了态度,他不知不觉对曼德拉表现出了尊重,也变得喜欢与曼德拉交谈。

对曼德拉而言,遇见格雷戈里这个开明、平和的狱警,也是十分难得的。他向格雷戈里解释"非洲人国民大会"的政治理念,尽管格雷戈里对此很困惑,但是他并没有否定,而是认真地倾听,并发表自己的意见:"比种族主义要好。"

他们两人在谁也没有想到的情况下成了"特殊的"朋友。格雷戈里预料不到他有朝一日会同白人政府深恶痛绝的"政治犯"交上朋友,不过他显然很乐意。而来自格雷戈里的友善,也让曼德拉感到十分欣慰。与一些主张暴力推翻政府的黑人运动家不同,曼德拉一直认为,南非的未来应该是种族和解而不是战争,曼德拉本人承认白人在国家建设当中的贡献,他所要求的只是黑人的合法权利而已。《种族隔离法》势必要被废除,至于将白人赶下海之类,纯粹是丑化他的谣言。

曼德拉认为,即使是再坏的坏人,他的内心也偶尔有一丝善良的、对于人权的尊敬和对弱者的同情之心。曼德拉发现罗本岛的政治犯中,大部分对监狱的典狱长、狱警持蔑视态度。这些囚犯与狱警互相瞧不起对方。对于南非的白人政府，这些囚犯更是痛恨不已。当有些囚犯说某天他们将"照顾"某位臭名昭著的残忍狱警时，曼德拉却说"不"——即使是无情压迫他们的狱警，曼德拉也认为，要给予其最基本的尊敬。

曼德拉并不同其他的政治犯那样，意图与监狱对立，从现实角度来说，囚犯不可能斗得过监狱的管理者，敌意只会弄巧成拙，令他们吃亏。从曼德拉本人长久的理念来说，他更想要团结典狱长和狱警，甚至对于压迫了南非黑人几个世纪的南非白人政府，曼德拉也倾向对话与沟通，而不是对立。

曼德拉有这种态度源自于他务实的精神，他是黑人解放运动的领导者，而不是反对政府的叛国者，他认为他的诉求合理合法，因此他不觉得自己的行为是错误的，而南非政府需要改正他们的"错误"。南非黑人饱受种族歧视的痛苦，若黑人解放运动组织成员"反歧视"这些白人狱警，其本质与黑人遭受的种族歧视没有区别。

正是在这些理念的支持下，曼德拉在与狱警相处的过程中，始终保持了一份克制，他会利用自己的法律知识捍卫自己的权益，但不会戏弄狱警。他将自己的想法与白人狱警们分享，力图得到他们的认可。正是曼德拉始终保持着这样的态度，他才最终与格雷戈里——一个白人狱警成了莫逆之交。

在当局允许政治犯们攻读学位之后，曼德拉决定学习南非执政党，也是最初的殖民者，后来的种族隔离推行者——南非荷兰裔白人的语言与文化。这个决定令曼德拉的狱友们大为不解。曼德拉却坚持学习，他相信以后这些知识必然会派上用场——要打倒一个人，首先就要了解他。他还思考这样的问题：为何不教育每个人甚至你的敌人？曼德拉再一次成功了。

从那以后，除了格雷戈里，罗本岛内其他的看守们也逐渐对曼德拉尊敬起来，并对他另眼相看。

这不能不说是个奇迹。一位高高在上的白人狱警，客气地与一名黑人囚犯交谈，倾听他对于种族隔离制的看法，了解黑人所遭受的苦难。而这名囚犯，他的表情坦诚、语言恳切。更神奇的是，曼德拉竟然如此了解狱警们都不太了解的白人民族文化。一个黑人，竟然成了白人的教导者。

曼德拉两次被关进罗本岛，第一次他成功地影响了几乎所有接触他的狱警。南非当局为了不重蹈覆辙，在他第二次入狱的时候调换来一批残酷、彻底被洗脑的新狱警。然而伟大的人，他的灵魂和对道德恪守的人格魅力是无法阻挡的。无论用怎样的手段意图摧毁曼德拉，或将他投入这不见天日的黑暗监狱，囚住他的身体，但他的灵魂和思想却不会被囚住。曼德拉和格雷戈里的友情就是很好的证明。

在后期，当曼德拉从罗本岛被转移到波尔斯摩尔监狱之后，最令他感觉到高兴的，莫过于格雷戈里随后也被调到了波尔斯摩尔监狱。曼德拉漫长的牢狱生涯，与这位白人看守的友谊经久不衰。他们互相尊重、互相理解，仿佛实现了曼德拉期盼已久的梦想：黑人与白人和谐相处，共同生活在同一片蓝天下。

同舟共济，与全世界起舞

将曼德拉等人关押后，南非政府当局起初很得意——但是他们很快就发现，事情的发展并不像他们预想的那样。他们试图通过与世隔绝的囚禁让世人忘记曼德拉，但曼德拉却打破了他们设下的重重防线。外界总是不时地被这个黑人震惊。他被关进了监狱，却反而曝光了罗本岛毫无人性的管理、狱警们对囚犯极度不尊重的行为，以及南非政府对于他们这些政治犯严苛的监禁。

曼德拉常常利用南非当局官员来监狱视察的机会，向他们反映罗本岛内糟糕的待遇。为了解真相，南非白人反对党——进步党的议员海伦·苏兹曼夫人到罗本岛会见了曼德拉。海伦·苏兹曼夫人一直是反对南非当局种族主义政策的唯一反对派议员，她多次强烈抨击议会通过的压迫黑人的法令。

当苏兹曼夫人来到监狱时，监狱方面十分紧张，他们将曼德拉从4号监狱调到位于牢房最里头的18号监狱，好令苏兹曼夫人来到曼德拉的监狱时没有多少时间与他交谈。为了挫败这个阴谋，曼德拉与狱友们经过商议决定，当苏兹曼夫人到来时，每个人都只对苏兹曼夫人说一句话，尽管有个人意见，但是18号牢房的曼德拉将代表大家发言。这个办法很奏效，苏兹曼夫人很快就来到了18号牢房，和曼德拉紧紧握手。

曼德拉向苏兹曼夫人反映了罗本岛内糟糕的伙食、繁重的体力劳动，以及政治犯们得不到应有权利的现状。现任典狱长范兰伯格是个恶劣的家伙，他以侮辱殴打囚犯为乐。曼德拉重点反映了范兰伯格的暴行。不久，范兰伯格被调走。

罗本岛囚禁曼德拉的18号监狱

外界对于曼德拉及其狱友也越来越关注，许多国际组织对于曼德拉等人的家人和朋友进行了援助。一天下午，国际红十字会成员突然造访罗本岛，令监狱管理者一阵恐慌。曼德拉等人这才得知，他们已经"名扬国际"了。

这给罗本岛的囚犯们带来巨大的鼓舞。曼德拉得到的另一个令人振奋的消息是，国际社会有意对南非进行制裁，反种族隔离运动已经受到世界人民的广泛关注，它将学生、教会、劳工、政治团体和反种族隔离组织团结在了一起，被流放的黑人往往在这些组织中发挥了重要作用。有些政府，尤其是印度、东欧国家向"非洲人国民大会"海外组织提供了巨大的物质援助。

虽然来自外界的呼吁还没有形成一股巨大的力量，但是抗争的浪潮已经席卷了全世界,这令曼德拉喜出望外。他感觉到,推行种族隔离制度的南非政府已经站在了世界的对立面,这个毫无人性的制度正越来越引起国际上所有有识之士的反对与抗议。

　　曼德拉相信,随着时间的推移,会有更多的人看到在南非发生的惨剧,看到南非政府的倒行逆施。这恐怕是南非政府绝对没有想到的——他们将曼德拉投入监狱,隔绝了他与外界的联系,但是世界的形势已经发生了变化,种族隔离制度势必难以为继。

第三章
CHAPTER 3

希望的曙光

　　黎明之前是最黑暗的时刻，但再漫长的黑夜也终将会过去，战斗的号角已经在南非的广袤大地上吹响，呼声响彻天际，为了同一个目标、同一个梦想——自由。

政府的第一次试探

1976年10月26日,在特兰斯凯的"国歌"声中,特兰斯凯的"国旗"被人升起,由南非政府一手操纵和控制的特兰斯凯正式宣布"独立"。

特兰斯凯是班图斯坦计划划分出来的黑人保留地中第一个宣布"独立"的国家,从表面上看,它具备了一切独立国家应有的标志:国旗、国歌、政府、国会、军队、议员、护照、签证等。但对国际社会而言,特兰斯凯作为一个国家是不存在的。

特兰斯凯是曼德拉、西苏鲁、坦博、温妮等黑人解放运动领导人的家乡。曼德拉本人极力反对特兰斯凯独立。事实上,除了南非政府以及它所代表的阶层,没有一个机构或者国家赞成黑人保留地的所谓"建国""独立",也没有一个国家承认它的护照,只有一个国家例外——南非,它在特兰斯凯建立了大使馆。

联合国安理会第31次大会期间通过A/RES/31/6A号决议,认为特兰斯凯的独立是虚假的、无效的,带有浓重的南非种族歧视色彩,号召所有国家拒绝承认其独立。

曼德拉在监狱中,虽然在收集新闻和情报方面做出了很大的努力,但是对现实情势的了解依然十分有限。不过他早在1959年,南非政权制定《班图自治法》的时候，就已经一针见血地指出，这仅仅是政府的又一个骗局，其目的依然是彻底将白人与黑人从政治上分离，他并不相信保留地的"独立"。曼德拉认为，从政治上来说，在黑人保留地建立自治政府的言论是一个骗局，一切都还掌握在当局手中；从经济上来说，黑人保留地内的"政府"严重依赖南非当局，独立的说法是荒谬绝伦的。

曼德拉的预料没错，南非政府根本没有放弃对特兰斯凯的掌控。已经宣布"独立"的特兰斯凯国，其政治、军事、司法和外交事务仍受南非政府的严格控制；多半议员由南非当局指定，官员也由其培训和任命；大部分预算由南非提供。

在这样的局面下，关押在罗本岛监狱的曼德拉，接待了一个非同寻常的访客：吉米·克鲁格。他是当时南非国家监狱管理局的局长，同时还是首相内阁的重要成员。

这位白人政府部门的局长来到监狱，他与曼德拉——一个黑人解放运动领袖，和平地坐下来交谈，这在以往是从来没有过的。"曼德拉，"吉米以态度严肃粗暴著称，不过这一次，他却以恭恭敬敬的态度，对曼德拉提出了一个建议，"如果你承认特兰斯凯政府的合法性，并愿意搬到那里去居住，政府可以大大缩短你的刑期。"

早在吉米到来之前，曼德拉便已经对他来的意图有些了解。南非政府大张旗鼓地推行的班图斯坦计划招来国际社会的一片谴责，南非政府急需一个突破僵局的契机，因此吉米带着政府的意图前来与他这个"臭名昭著"的政治犯谈判，也开出了南非政府的价码——可以令曼德拉重获自由。

曼德拉一直等到吉米把话说完，他很平静地回复了吉米："首先，我反对班图斯坦政策，我不会予以支持；其次，我来自约翰内斯堡，我回去的地方也应该是约翰内斯堡。""尽管我们存在分歧，"吉米再一次劝说曼德拉，"但如果你和其他的政治犯，愿意接受分别发展，政府可以让你们在这一发展中发挥政治作用。"

南非政府对于"独立"的黑人保留地，不遗余力地培养拥护白人统治阶层的黑人官员，以他们作为保留地内黑人民众的一道防线。现在吉米竟也对曼德拉等人发出了这个邀请。对此，曼德拉的回应非常明确，他坚定地拒绝了吉米："这是一个叛徒才能接受的建议。"

吉米带着恼火的情绪离去，一个月后，他再次来到罗本岛，企图劝说曼德拉，曼德拉再次拒绝了他。虽然历经磨难，但曼德拉的信念却越来越坚定：坚决反对与政府任何形式的合作，坚决反对班图斯坦计划，坚决反对任何旨在继续实行种族隔离的企图。南非政府的意图注定只有失败的结局。

索维托惨案，反抗的号角

1976年6月16日，在特兰斯凯成立前几个月，南非政府宣布，作为班图斯坦计划的又一个部分，一半以上的黑人学校必须使用南非白人的语言阿非里卡语授课。这就是《班图教育法》。

《班图教育法》规定，所有黑人学校五年级以上的课程，至少一半必须使用阿非里卡语，另一半使用英语来授课。

索维托是约翰内斯堡郊区的一个卫星城，是当时南非聚居黑人最多的城市，也是最大的"黑人隔离区"，位于距离约翰内斯堡约 24 公里的西南郊外。这里拥有大约 100 万居民，其中大多数都是黑人劳工，他们大多在约翰内斯堡工作。

索维托的黑人明显与南非其他地方的黑人不同，他们大多有一定的文化知识，也常常受到来自约翰内斯堡各种政治思潮的影响。他们比一般的黑人更具反抗精神，对种族隔离制度深恶痛绝。

南非政府宣布实行《班图教育法》后，索维托的学生率先进行反抗。首先站出来的是弗费尼中学和奥兰多西中学，大约 2000 名中学生高举着"反对班图教育""我们是非洲人"等各式各样的标语，齐声唱着《上帝保佑非洲》在索维托市政府前抗议游行。

随着越来越多的学生加入抗议的队伍，面对愤怒的人群，南非政府立刻作出反应——他们派出了荷枪实弹的警察。

谁也不会想到，面对手无寸铁的学生，白人警察们真的会开枪。这不是对待抗议群众的态度，南非市政府将学生们当作了暴徒处理。

当学生们准备向奥兰多体育场进发和平请愿时，赶来的白人警察与学生们发生了激烈的冲突，第一个遭到警察枪杀的是一个 13 岁的小孩，名叫赫克托·彼得森。

这是一个开端，尽管警察们拔出了枪，将枪口对准了愤怒的学生，学生们却并没有退却。白人残酷的举动点燃了所有人的怒火，尽管他们手中没有有力的武器，哪怕是一根木棍，年轻的学生们却还是英勇地朝警察们发起了冲锋，他们以自己的身躯抵挡着致命的子弹，他们只能捡起地上的石块当作武器反抗。

到了下午，事态已经完全失控，大量的汽车和房屋被烧毁。抗议者不断增加，最多时大约有 1.5 万名。

时任南非总统的沃尔沃德发布紧急命令："不惜一切代价平息事态。"1000多名全副武装的警察在奥兰多警局整装待发。南非政府出动了两架直升机和两支携带机关枪的防暴警察部队。一位随行记者在空中记录下了当时的画面：地面上到处都是燃烧的火，警察组成了警戒线包围了索维托。这位记者觉得自己好像是一名"在炸弹轰炸后的城市上空飞行的战时记者"。

这场震惊全世界的残酷屠杀，就是广为人知的南非"索维托惨案"。在这次冲突中，大约有176名学生死去，约1228人受伤。

当天傍晚时分，从约翰内斯堡下班回家的黑人们回到家中，看到的是在火中燃烧的索维托以及他们死去或受伤的孩子们。事态再一次恶化。8月5日，南非的黑人劳工举行了第一次罢工。当时南非正处于经济萧条时期，罢工意味着他们失去了维持生活的来源。即使这样，各个公司的缺勤率仍高达40%～90%。

曼德拉的妻子温妮也参与到索维托点燃的抗议浪潮之中。索维托学生运动开始后不久，南非全国各界各阶层的黑人建立了"黑人家长联合会"。温妮是执行委员会中唯一的妇女。她在索维托"黑人家长联合会"上说："我们不能让孩子们替我们去战斗，我们必须支持他们！"

"索维托惨案"中约176个生命的逝去，好像吹响的一声号角，使南非各地的罢工浪潮此起彼伏，规模一次比一次大。第三次罢工潮时，大约有50万名黑人劳工参加，南非最大的矿业公司兰德公司，缺勤率达到了98%。

越来越多的人加入了斗争的行列，甚至有一些白人也参加了抗议。这是在此之前从来没有过的。无数的黑人第一次发出了他们愤怒的声音，他们不再沉默、不再逆来顺受，反抗的号角，从这一刻开始吹响。

"独立",傀儡被推上前台

特兰斯凯独立之后,先后有三个黑人保留地也宣布独立,分别是博普塔茨瓦纳(1977年12月)、文达(1979年9月)和西斯凯(1981年12月)。自此,10个班图斯坦之中,有4个已经是"独立国家"。剩下的6个则成为南非宣布的"黑人自治区"。

特兰斯凯"独立"之后,南非总统沃尔沃德发表声明称:"每个人都有决定自己事务的完全权利,希望特兰斯凯及其领导人在前进的路上会得到上帝的不尽祝福。"对此,"非洲人国民大会"随即声明称:"特兰斯凯的独立不会被承认,这是变本加厉的种族隔离。"

10个班图斯坦的共同特点就是地少人多,仅占南非12.7%的土地,却要养活南非全国71%的人口,土地大多都很贫瘠。特兰斯凯作为最大的黑人保留地,境内有近200多万人口,独立之前,特兰斯凯在白人区域内工作的黑人大约是20万,独立之后增加到40万之多,比独立之前增加了1倍。

独立也并没有使特兰斯凯获得真正的主权,它不被国际社会所认可,南非派遣的大使甚至可以参与特兰斯凯宪法的制定。在经济上,特兰斯凯极度依赖南非,大部分特兰斯凯的本地人在南非的兰德矿产公司工作。

受限于南非政府1967年12月制定的规定,只有青壮年劳动力能够进入白人地区，老人、妇女、儿童，或者有技术的黑人，都只能留在班图斯坦——白人资产阶级需要的是廉价劳动力，老弱病残他们不要，需要技术含量的工作则已经留给了白人工人，不需要黑人的技术人员再来增加竞争。直到1994年，种族隔离制度彻底废除，特兰斯凯重新并入南非，特兰斯凯的城市化率也仅有5%。其他独立的黑人保留地情况更糟，他们在政治上的处境与特兰斯凯一样——得不到国际社会的承认，对内面临贫困、工业和农业的双重落后、人口流失等，甚至还没有特兰斯凯完整的领土以及相对优良的自然条件。他们处在南非政府的控制之下，军事、经济同样依赖于南非。据统计，1970年，班图斯坦外出人口为631200人。

除了这些困境，班图斯坦"独立"国家的人民，还要面对来自统治阶层的压迫。在黑人的4个独立保留地，种族歧视并没有消失，反而变本加厉。班图斯坦的统治阶层反对任何异见者，特兰斯凯在1981年的"大选"，特兰斯凯独立国家党获得100%的席位。总理凯泽·马坦齐马毫无疑问是南非政府一手推上前台的牵线傀儡。1963年特兰斯凯的立法会议中，他赞成种族隔离制，最终只得到了15个席位，被反对种族隔离制赢得30个席位的维克托·波托赢击败。然而在12月份立法会议推选首席部长时，马坦齐马却成功当选。在他任职特兰斯凯总理期间，异见人士只能悄悄地抱怨，公开议论马坦齐马是不明智的，这位"皇帝"既残忍又自私，他必须一再使用暴力，才得以让他的统治苟延残喘。

10个班图斯坦贫困潦倒的困境，让南非政府的意图越来越明显。班图斯坦计划的目的有两个：第一，保障白人统治的永久权威，让黑人隔离在南非白人区域之外，一面方便白人资产阶级的压榨，一面让他们自生自灭；第二，为了遮掩南非国内被国际舆论广泛谴责的种族隔离制。班图斯坦独立之后，南非自然不存在国内的种族歧视与隔离，这是"国家"之间的事情。而南非的黑人则丧失了作为南非公民的所有权利，他们只有两个选择，就是自动成为黑人保留地的"公民"。或者留在白人区域，忍受越来越苛刻的种族歧视与压迫。

特殊囚犯，狱中的星星之火

1976年9月，罗本岛监狱的隔离区迎来了几位特殊的囚犯。他们就是"索维托惨案"中被捕的年轻人。他们都是一些年轻人，各个桀骜不驯，对看押他们的狱警持藐视的态度，对监狱用以恐吓囚犯的种种规矩也不屑一顾。他们高声谈话，情绪激愤。

这些年轻人的到来给曼德拉一种极为新鲜的感受——他现在已经听说了1976年6月发生的"索维托惨案"，他对政府的暴行十分愤怒，对死去的学生感到悲痛。而现在，这些在"索维托惨案"中成为年轻的运动领袖的年轻人，又给他带来了一种惊喜——狂热的革命精神。

"如果政府本身不进行改革，"在利沃尼亚受审期间，曼德拉曾经对看守他的安全警察说，"那么总有一天，将来取代我们的那些自由战士，会使当局怀念我们。"没想到，这一天这么快就来临了，在罗本岛这个封闭黑暗的监狱里。

曼德拉观察着这些与众不同的年轻人，他发现他们与他们的黑人父辈相比，更加激进，也更加仇恨种族隔离制度，仇恨制定这个制度的南非白人政府。他们也与以往的黑人解放运动者不同——这些年轻人当中，大部分竟然都接受过系统的军事训练。

他们多数人都离开南非参加过"民族之矛"的军事行动，在坦桑尼亚、安哥拉和莫桑比克军训营中接受严格的军事训练，然后又悄悄地回到了南非。

曼德拉曾经偷偷同这些勇敢的青年之中的一些人接触过，他给南非学生运动组织的一个领导人帕特里克·泰勒·勒寇塔传递过一个条子，并没有写别的，只是写道：欢迎来到罗本岛。

对于这群年轻人，曼德拉和"非洲人国民大会"的其他成员在商议后，他们决定不急着吸收他们作为组织的成员，以免使得他们与罗本岛上其他的党派疏远。但是，曼德拉本人热情而友好地对待他们，有时候年轻的小伙子们会过来跟他探讨一些问题。他们问："'非洲人国民大会'对班图斯坦是什么政策？《自由宪章》对于民族化又是怎么说的？"

曼德拉耐心地回答他们，他很乐意与这些年轻人交谈。在曼德拉看来，他们是未来南非黑人解放运动的中坚力量，尽管他们的思想还有些不太成熟。

曼德拉在20多岁的时候，也是这样冲动、激进，视所有白人为敌人，也绝对不会在斗争中接受来自白人的任何帮助。曼德拉说："（他们）就像我年轻的时候那样，但是，我已经超越我们的青年团世界观，我相信这些年轻人也将会超越（我）。"

虽然"非洲人国民大会"没有主动吸收年轻人加入，但是有一天，泰勒却找到曼德拉："我想加入'非洲人国民大会'。"

"我很高兴，"曼德拉说，"但很遗憾，要令你失望，'非洲人国民大会'并非是不欢迎你，但是这样一来，也许会在普通的监禁区造成恐慌。"

泰勒失望地离开了，但是他并没有放弃，他决定公开对"非洲人国民大会"表示忠诚，他赞同"非洲人国民大会"的很多观点，一有机会，他就对他的年轻伙伴们诉说。

泰勒的行为很快就招来了不满，一些黑人觉悟运动成员用园丁叉袭击了他。他被救治之后，监狱当局指控了那些袭击他的人。曼德拉劝泰勒说："我想让这些年轻人知道，'非洲人国民大会'就像一个巨大的帐篷，能容纳许多持不同观点和身份的人。"

泰勒听从了，他拒绝承认遭到过袭击，监狱希望通过审判离间这些年轻人的希望落空了。

发生了这件事情之后，防洪闸门似乎已经被打开，许多黑人觉悟运动组织的年轻人都决定加入"非洲人国民大会"，其中也包括曾经策划袭击泰勒的人。年轻的人们开始慢慢地团结在一起，就如同曼德拉他们过去那样。包容打开了团结之门，所有人看到了希望的光芒。

第四章
CHAPTER 4

"释放曼德拉"

　　从索维托开始，星星点点的火焰在黑夜之中燃烧，撕破厚重的阴霾，汇聚成一句觉醒的呐喊，那是南非黑人愤怒火山的总爆发——释放曼德拉！

波尔斯摩尔监狱，与世隔绝

1982年4月1日，还在罗本岛的曼德拉迎来了一群不同寻常的人：监狱长和其他监狱官员。他们来到曼德拉狭小的囚室，并宣布准备将他和西苏鲁等人从罗本岛监狱转移到别的地方去。

因为曼德拉等人的努力，星星点点的火光在罗本岛这个黑暗的监狱之中闪耀。南非政府不得不这样做，他们开始感到害怕，即使已经将曼德拉关进了罗本岛这样封闭的监狱之中，但自由的呼声却还是传达出去，不可阻挡。

曼德拉他们每人得到了几个大硬纸盒，装好自己的东西，上渡船朝开普敦驶去，他们被当局秘密转移到了波尔斯摩尔监狱。自此曼德拉结束了长达18年罗本岛监狱的生活。

在罗本岛关押了18年，曼德拉似乎对这个囚禁他的地方变得极为适应。离开的时候，他与一起被转移的囚犯们，抱着装着他20多年所积攒的全部家当，在落日的余晖中看着罗本岛越来越远。曼德拉不知道是否还能再看到这个地方，他已经适应了罗本岛，虽然这个地方不是他的家，但也成了一个让他感觉到舒适的地方。

曼德拉一直认为，改变现状是困难的，离开罗本岛也不例外，不管当时它多么令人可怕。

波尔斯摩尔似乎比罗本岛监狱要好许多,至少从外表看,它十分漂亮洋气。但实际上这里同样只是关押他的地方,内部环境陈旧且污浊。除了曼德拉等人,其他的人都是普通的囚犯。

波尔斯摩尔监狱是一所与世隔绝的监狱,四周都是高墙,高墙的上空能看到一块蓝天和天边山峰的一角,虽然这个监狱坐落在一个环境优美的白人居住区的附近。曼德拉和他的同伴们被关押在一座孤立的四层楼房的顶层。最初几个月里,他们被关在一起,这一层没有其他犯人。他们不能到院子里散步或锻炼身体,看不到土地和绿色,唯一的活动场地是楼顶上高墙围着的一块平台。一位名叫帕特里克·马库贝拉的年轻黑人律师也被关在这里,他因"叛国罪"被判20年监禁。他起先被关在约翰内斯堡迪普克鲁夫监狱,他曾组织那里的政治犯进行斗争。开始,曼德拉对这个新来的囚犯抱有戒心,怀疑他有可能是监狱当局安插在他们中间的密探。但是,不久他就发现并不是那么回事儿,帕特里克是一个聪明、和蔼、勇敢的人。

当局的意图是把曼德拉和"非洲人国民大会"在狱中的领导机构的影响控制到最低限度。因此,在波尔斯摩尔监狱,他们与其他犯人都被隔离开。比起罗本岛与众多难友在一起的生活,曼德拉等人处在更加孤立的状态。

虽然依然是在牢狱之中,曼德拉仍旧保持了他在罗本岛时的习惯,他似乎总是如此从容平静。他向监狱长请求,在一整天都能见到阳光的监狱楼顶开辟一块菜地。他的请求得到了满足。于是他得到了16个锯成两半的大油桶,每一个里面都装满了潮湿、肥沃的土壤。

利用这些"菜地",曼德拉园丁十分勤快地种上了各种蔬菜,有洋葱、茄子、卷心菜、花菜、豆角等,甚至还有草莓。他每天都要在他的"菜地"

里消磨整整两个小时的时间，耐心地浇水、施肥。

　　他将"菜地"上收获的蔬菜慷慨地分给监狱的伙房，这样往往普通的囚犯们，也会有一个"特别的"晚餐。他也会将新鲜蔬菜送一部分给狱警。这些狱警没有拒绝，而是将蔬菜带走。

　　到曼德拉1990年被释放，他在波尔斯摩尔监狱一共被关押了8年。

温妮"接触性探视"

　　1984年5月12日，对还在波尔斯摩尔监狱中的曼德拉来说是个好日子。这一天，波尔斯摩尔的准尉格雷戈里带着曼德拉，来到一个单独的房间，这似乎不是正常的探视区，里面只有一张桌子，没有隔离玻璃，也没有传递声音的麦克风。

　　随后，温妮、泽妮和她的小女儿津荠以及曼德拉的孙女，出现在这个单独的房间里。准尉格雷戈里很客气地说，南非当局对于曼德拉做出了调整，从今日开始，曼德拉的家人、亲友，可以"接触性"地探视了。

　　漫长的牢狱生涯中，曼德拉心中一直深深藏着对妻子温妮的愧疚，他对妻子的爱从未改变，也愧疚要让她一人独自面对抚养儿女的压力，他也非常尊敬妻子温妮对于黑人解放运动不屈的努力。

　　陪同温妮前来探视的是格雷戈里。曼德拉在房间里等待着，他看到了朝思暮想的妻子。温妮朝他走来，他们面前没有了那堵厚厚的透明玻璃，只有几步路的距离。他们不知不觉地就走到了一起,然后彼此互相拥抱在了一起。时间仿佛不再流动,这是距离曼德拉被监禁之后,相隔21年,他第一次抱住了他亲爱的妻子,不是在梦里,而是在现实中,他真真切切地碰到了她。

曼德拉那漫长的监狱生涯中,温妮一直不离不弃地等待和支持他,给他心灵以极大的慰藉。曼德拉的心中一直藏着弥补家人之情,他始终觉得自己未尽到丈夫和父亲该承担的责任。从曼德拉入狱到终于获得南非当局许可,温妮得以"接触性"探视,曼德拉已经21年没有与除了狱警、囚犯之外的人接触了。

作为曼德拉的妻子,温妮除了是一个优秀坚强的母亲,她也是非洲黑人运动的领导者之一,她被广大的南非黑人尊敬地称为"妈咪",即南非黑人的国母。

另外,让曼德拉欣慰的是格雷戈里——他的白人看守朋友也调到了波尔斯摩尔监狱。格雷戈里后来回忆道:"我的作用从单纯的看守,变为能倾听他的问题并想办法解决的人。如果他希望立即办什么事情,我将设法实现他的要求。我还帮他做一些个人的事情,是一个父亲在监狱里难以做到的事情。"

1982年,曼德拉等人被转移到这里之后,格雷戈里与曼德拉接触更多了。格雷戈里心中逐渐树立起对曼德拉的忠诚,他成了曼德拉与外部世界相互联系的"纽带"。温妮和孩子们对格雷戈里警官也颇有好感,因为他从来不粗暴地对待她们。

20世纪80年代初,津巴布韦正式独立。这样,南部非洲的力量对比有了根本的变化。罗得西亚白人种族主义政权的垮台,使南非种族主义政权成了孤家寡人,处在独立的黑人邻国的包围之中。这都是曼德拉等人在波尔斯摩尔监狱对外界情况的了解，他们知道解放斗争有了进一步的发展，同时也意识到斗争正在加剧。敌人的镇压也同样在加强。敌人到处在对"非洲人国民大会"的办事处发动袭击，并且在暗杀一些政治活动家。

面对一连串的血腥屠杀，愤怒的"民族之矛'进行了反击。1983年5月，"民族之矛"第一次在白人汽车里投放炸弹，炸死19人，炸伤200人。这是第一次袭击"软目标"。曼德拉得知这次汽车炸弹事件后，感到很遗憾和不安。但是，他也承认武装斗争的加强，必然会导致流血。

"释放曼德拉！"

津巴布韦独立后，安哥拉、莫桑比克也在20世纪70年代中期相继独立。之后，南非的周边国家已全部独立。然而南非政府却并不愿意顺应国际各个民族解放的大趋势，依然牢牢固守种族隔离政策，并且变本加厉，不仅公然违抗联合国通过的解决纳米比亚问题最权威的方案435号决议，死死抓住纳米比亚不放，还在国内加强各种种族立法，力图将"索维托惨案"后又一次兴起的黑人解放运动镇压下去。

武装斗争是南非政府残酷的隔离政策所导致的恶果，毫不夸张地说，它算是政府强加到广大南非人民身上的苦难——若不是基本的生存权利都无法保障，没有谁愿意生活在动乱之中。生命的逝去令人悲痛，也令更多的人警醒。世界上反对种族隔离的呼声悄然兴起，并逐渐变成一股巨大的洪流。

　　1981年，法国1.7万人签名的请愿书被送到位于巴黎的南非大使馆，要求南非政府无条件释放曼德拉。

　　1982年，非洲统一组织呼吁南非政府释放曼德拉；同年，整个欧洲，共计1400个城市的市长联名要求释放曼德拉；到这一年8月份，53个国家共计2000名市长在请愿书上签名。

　　1983年，荷兰国会要求荷兰政府敦促南非政府释放曼德拉和所有政治犯；不久，荷兰政府照会南非政府，要求释放曼德拉，并作出表示，准备为曼德拉提供政治避难；同年，在英国，78名议会议员要求南非政府释放曼德拉。

　　1984年，英国享有盛名的"特别AKA"流行歌曲演唱团发行了一盘题为"释放曼德拉"的唱片。这一唱片很快在青年人中流行，并被列为摇滚乐的十大歌曲之一；同年，在美国有135名众议员提交决议，呼吁释放曼德拉，这一决议获得参议院批准。联合国秘书长德奎利亚尔收到特雷沃尔·哈多斯顿大主教提交的由50000人签名的请愿书，要求南非政府释放曼德拉和所有的政治犯。

　　1985年，依然是在英国，代表50多个英国市镇的市长身着礼服，游行穿过伦敦，要求英国首相采取措施以保证曼德拉得以释放。

　　这是世界上正义力量的汇聚，有良知的人们，越来越愤慨南非政府的倒行逆施，越来越多的人对曼德拉予以支持，被他的品德以及为南非所有非洲人的命运所承受的苦难而打动。在1980年3月23日一场纪念"索维托惨案"的集会上，约5000名群众响应莫特拉纳医生的倡议，要求释放曼德拉和其他政治犯。各种报刊、各界人士和各种族的青年学生都汇入了这一强大的请愿洪流，一场燎原之火熊熊燃烧起来。

1987年左右，南非约翰内斯堡，成千上万的示威者为反种族隔离活动家曼德拉获释而游行

南非教会理事会发表声明称，要想避免如同津巴布韦人民过去所受的无辜的牺牲与折磨，条件只能有一个，即给予曼德拉和其他被监禁或被流亡国外的黑人领导人参与重建统一南非社会的权利。

世界对南非政府做出了惩戒，南非当局举步维艰，大规模的经济制裁、尤其是来自西方大国的资本撤退，令南非连续30年负增长的经济形势更加糟糕。舆论的一致谴责让南非政府高层大为恼火，但他们却无可奈何。更令南非白人社区公民不满的是来自体育方面的制裁，南非因此丧失了参与橄榄球联赛的资格——而这项运动在南非白人当中具有崇高的地位。

曼德拉，一个被关押在为政治犯而设立的严密的隔离区的囚徒，此刻却俨然是国际上知名的政治人物。南非政府对他无可奈何，甚至不敢继续苛待他。越来越强烈的呼声汇聚成了一句话：释放曼德拉！

"给我父亲自由！"

1985年2月10日的那个星期天，曼德拉最小的女儿津芥·曼德拉，在索维托的加布兰尼体育馆中，一个群情激昂的集会上宣读了一份特殊的宣言。20多年来，南非的人民从未在任何地方，以合法的方式，听到过这个宣言。这份宣言由曼德拉在监狱中亲自撰写，经过温妮以及伊斯梅尔的修订，最终，它来到津芥的手中。津芥以她年轻且坚定的声音，宣告给南非，以及整个世界。

"我是'非洲人国民大会'的一名成员。我一直是'非洲人国民大会'的成员，在我的生命停止之前，我将仍然是'非洲人国民大会'的成员……

"我对政府想要加在我身上的条件感到吃惊。我不是一个喜欢暴力的人……只有在所有其他形式的反抗都不再适合我们的时候，我们才转向了武装斗争……

"要让博塔显示他与马伦、斯特里基多姆和沃尔沃德到底有什么不同，让他声明放弃暴力，让他自己说出将废除种族隔离制度，让他承认人民的组织——'非洲人国民大会'，让他释放所有因为反对种族隔离而被关押、禁止、驱逐和流放的人士，让他确保人民的自由政治活动,以便人民能够自己决定将来让谁管理自己……"

在南非周边国家普遍推翻殖民统治获得民族解放之后,还在坚持种族隔离制度的南非政府依然不愿意妥协。形势使得武装冲突愈演愈烈,无辜的人民为之付出鲜血与生命。

1981年,南非国防军在马普托、莫桑比克对"非洲人国民大会"办事处发动了袭击,杀害了包括妇女和儿童在内的13人;1982年12月,南非军队又攻击了位于马塞卢和莱索托的一个"非洲人国民大会"前哨基地,这次一共有42人牺牲。

面对南非政府的武装攻击,"民族长矛"军开始在南非全境许多军事目标和种族隔离地区放置炸弹,并且开始利用汽车炸弹进行攻击。武装斗争之路是残酷的,任何追求理想的人都会为理想而有所牺牲。面对冲突造成的流血以及一个个生命的逝去,还在狱中的曼德拉感到极度的震惊。曼德拉始终认为,杀害公民,无论以怎样的理由,都是一个巨大的悲剧事件。他为这些牺牲感到悲痛和不安。

但曼德拉明白,这是一个必然的结果,在决定展开军事斗争的时候,就已经预料到这

父女情深(右为曼德拉小女儿津荠)

样的情境。他说:"人类的错误总是离不开战争,而且代价通常是昂贵的。正是由于我们知道要发生这样的悲剧,我们作出武装斗争的决定时才显得那么慎重和无奈。"

"我看到我的父母牺牲了所有的物质利益,为正义、荣誉和人类尊严而战斗。"津荠·曼德拉在谴责南非政府种族隔离政策所犯下的罪行时说,"我知道,有成千上万的父母亲也在这样做。但是我也看到,他们的牺牲所要换取的自由却远远没有实现……在我们这一代人不能再容忍的时候,我看到了索维托愤怒火山的总爆发——给我父亲自由!"

自由,曼德拉为此奉献一生的追求!他后来得知了津荠勇敢的举动,当他知道代替他演讲的是他疼爱的小女儿,作为父亲,他感觉到非常自豪。

面对国内的麻烦和国外的压力,南非政府采取了一个折中的措施。博塔,作为国家的总统,他公开表示,如果曼德拉无条件承诺拒绝以暴力作为政治的手段,他就可以获得宝贵的自由,他还"宽宏大量"地表示,这个条件,可以延伸到所有的政治犯。

此外,南非政府还拟废除关于通婚的法律和其他种族隔离法。1985年年初,西方著名政治家塞穆尔·达什访问了在狱中的曼德拉。对于南非政府表示废除通婚法和其他种族隔离的法律,塞穆尔·达什询问是否使曼德拉受到了鼓舞,曼德拉是这样回答的:"这是小问题。"曼德拉似乎并不对南非政府的慷慨大方表示欢喜,就如同对于博塔"宽宏"的释放条件一样,他进一步指出:"与白人女士结婚或者与白人一起游泳并不是我所追求的目标,我要的是政治上的平等。"

曼德拉终究是一个伟大的人,他的目光一向不为眼前繁花似锦般美好的前景所迷惑。他始终明白,一个民族,只有取得政治上的地位,才真正是掌握了自己的命运。他始终要求的,是非洲人在法律意义上获得参与治理国家的权利——选民资格。

让人们决定统治他们的是谁。

谁也不可以剥夺天赐给人民的权利。

看似美好的废除种族隔离政策,以及有条件的释放,都只是南非政府在国际与国内的双重压力下而采取的"非常手段",犹如镜花水月,美丽,然而虚无缥缈。

Part 4

光辉岁月：
肩负振兴使命

今天只有残留的躯壳，
迎接光辉岁月。

——《光辉岁月》

第一章
CHAPTER 1

艰难作出让步

和谈是大势所趋。为了使南非从种族主义制度迈向新社会，从而基本实现和平过渡，南非政府艰难地做出了让步。

博塔艰难作出让步

1989年7月5日上午,这是历史性的一刻。在南非监狱管理局局长的亲自陪同下,曼德拉来到博塔在开普敦的总统官邸。他将在这里与南非白人政府的总统,同时也是一个曾经残酷镇压黑人解放运动的人——博塔会面。促成这次会面的情报局局长巴纳德和司法部部长库切在办公室外等候着。

形势已经发生了巨大的改变,南非当局无论是在国内还是国外,都遭遇了前所未有的挫折和危机,国内的反抗活动此起彼伏,国外也面临着严厉的经济制裁。这让南非原本就陷入负增长的经济更是雪上加霜,这一切都促使南非当局思考是否要软化立场。

从1985年开始,南非当局就有意识地逐渐试探曼德拉的态度。在国际组成了"名人小组"介入到南非的种族隔离制度问题中时,博塔曾一度下达极为卑劣的命令,要求南非国防部袭击"非洲人国民大会"在数个城镇的组织工作点。这不仅使南非在国际上的名声一落千丈,让舆论彻底站到了曼德拉一方,还令"非洲人国民大会"放手组织起庞大的反抗浪潮,而南非的一些城镇,甚至到了开战的边缘。

然而对于此时的僵局,曼德拉却有不同的想法,他认为这是与南非当局展开和谈的大好时机——他已经感觉到当局的态度明显有所软化，从将他转移到单独的、堪称豪华的单人监房，到南非当局的高层频频与他会谈都可以看出。由南非国内的状况来看，国民党内部已经出现了分歧。这些因素最终使曼德拉站在了代表南非白人统治势力的最高者——南非总统博塔的面前。

博塔这样的人，即使在白人当中也是以态度凶恶、残暴而出名，但这一次他却是面带笑容地迎接曼德拉的到来。他们坐在总统办公室那豪华柔软的座椅上，互相问候聊天，他们并没有过多地谈论政治话题，而是讨论南非的历史。曼德拉对荷兰裔白人文化的熟悉终于派上了用场。这次会谈虽然只有短短的半个小时，但曼德拉渊博的知识、不俗的气质和坦诚的态度，也让黑人眼中杀人不眨眼的凶残"鳄鱼"博塔佩服。

曼德拉将黑人争取自由和解放的斗争与100年前荷兰裔布尔人摆脱英国殖民者所进行的浴血战争相比拟，同时，他也提到了博塔的祖父和父亲，这两位在"英布战争"中的英雄。初次会面的人，能说出对方家族的丰功伟绩，那是很容易打动对方的，博塔也不例外。而这些知识储备是曼德拉在漫长的囚禁生涯中储备的。曼德拉只在会谈之中提出了一个要求：释放所有的政治犯，包括他自己。"我恐怕不能满足你。"博塔说。但是他表示他会考虑。

其实早在1976年，当时的南非司法部部长吉米·克鲁格就曾访问罗本岛，他对曼德拉表示，政府可以释放他，但条件是曼德拉必须要与政府合作。政府意图很明确，就是想将曼德拉安排到特兰斯凯。被曼德拉拒绝之后，政府又要求曼德拉声明放弃一切有关暴力的政治行动。曼德拉再次严厉地拒绝了政府的要求。随着情势的变化，南非当局已经越来越被动，他们开始试图用一些小的甜头来安抚黑人群众，比如在劳工领域放宽了对非洲人组织工会的限制、取消了几十个控制非洲人流动的法令等。但这些小恩小惠并没有使黑人群众和"非洲人国民大会"这样的运动组织放松警惕，尤其是在博塔下令空袭运动组织据点之后。面对这样的情况，南非政府不得不承认，他们已经认识到了情势的变化，并明确表示要调整国民党的政策。

对比政府的想法，曼德拉的想法和他们有着鲜明的对照。曼德拉考虑的是如何解放南非人民，使他们从种族隔离的政策中得到解放。而博塔想通过对话和谈判找到解决国际上各种非议的办法，使自己尽快摆脱政治困境。

然而，博塔并没有成功收获到他种下的"庄稼"，他和曼德拉两人会谈后一个多月，他便黯然辞职。1989年1月博塔中风住院后，德克勒克接任国民党主席。在博塔生病不能履职的半年多时间里，大权已经落入他人之手。等他病情好转回到政坛时，发现内阁成员已经与他离心离德了，而德克勒克成了真正的掌权者。由于博塔一贯镇压黑人抵抗毫不留情的强硬态度，很难获得黑人的好感，而那些持强硬立场的白人，又不满意他与曼德拉及"非国大"的和谈行动。博塔心力交瘁，最终交出了权柄。

释放"政治犯"

1987年11月的一天，在波尔斯摩尔监狱里，有两位黑人领导人进行了极具历史意义的长谈，一位是曼德拉，另一位是即将出狱的黑人领袖姆贝基。

南非黑人对镇压的反抗是艰苦而漫长的。1987年11月，南非政府在国内外形势的逼迫、在担心与曼德拉的秘密会谈陷入瓶颈期的情况下，决定考虑释放姆贝基等人。于是，1964年在约翰内斯堡被警察逮捕的黑人领袖姆贝基，在1987年11月正式获释。当时姆贝基已经年逾古稀，他是第一个获释的黑人领袖。他的获释使广大黑人民主斗士受到极大的鼓舞。

"非洲人国民大会"当日在卢萨卡发表声明，表示姆贝基的释放将会充实国内民主战线的领导力量，同时也象征着南非和国际社会民主力量的一次胜利。

美国国务院发言人雷德曼将南非当局此举称作是"一个积极的举动"。他表示美国完全欢迎南非无条件释放政治犯的决定。他呼吁南非各界应该合理利用这一时机，及时缓和南非政府与民主阵线的关系，创造和谐的对话气氛。

然而当局真正释放"政治犯"对于曼德拉来说，实在是一场艰苦卓绝的斗争，即使在与博塔进行秘密会谈的期间，也没有使南非政府真正放松对南非民主势力的镇压。1988年2月24日，白人政权发布"禁止联合民主阵线及其他黑人院外反对派参与政治活动"的禁令。该禁令一出，民主斗士一片哗然。事实上，禁令本身已经严重侵犯了南非所有民主组织的底线。南非宗教领袖德斯蒙德·图图大主教得知消息后义愤填膺，于2月29日率领其他百余名宗教人士向国会正式递交抗议书。然而这次民主势力的奋起反抗却遭到了残酷的镇压，图图大主教等参与活动的一干人等均被政府逮捕。

此后，教会人士并没有气馁，他们于1988年3月6日组成了"保卫民主委员会"，意图继续从事原本被禁的组织工作。但他们的活动却被政府查禁了。与此同时，旨在"南非民主和民族解放"的秘密武装组织"民族之矛"的暴力反抗也在不断升级，由他们计划组织的爆炸事件频频出现在各大媒体上。冲突无时无刻不在南非上演着……

来自外部的经济制裁

1989年6月12日，英联邦"名人小组"公布了协调南非种族冲突的报告书。"名人小组"强烈要求国际社会对南非实施全面制裁，并认为这是避免再现第二次世界大战那样严重流血事件发生的唯一途径。

"名人小组"的领导人澳大利亚前总理弗雷泽和尼日利亚前国家元首奥巴桑卓等人警告说，如果不采取有效措施，南非将有可能出现一个亲苏联的黑人政权。他们要求立即停止进口南非的农产品和煤，这是南非的主要出口商品，同时还要求中断与南非的空中联系。

但是，英国政府则与"名人小组"的意见相左，双方产生分歧。原因则归于英国在南非的惊人投资规模。

此事可追本溯源到20世纪80年代。当时英国在南非直接投资50亿英镑，约占南非外国直接投资的50%。此后，据英国一份南非贸易协会的出版物显示，截止到1982年年初，英国在南非的直接和间接投资总额达110亿英镑，数量惊人。这些资本主要集中在矿业开采（黄金、钻石和铬矿）、制造业和金融业。当时，英国的巴克莱和标准银行拥有南非商业银行总资产的2/3。

为了维护大英帝国的利益，英国自然不主张对南非进行经济制裁，同时采取措施对南非进行经济上的扶持，干扰"名人小组"对南非的经济制裁。

为此，"名人小组"警告英国，不要再干扰对南非的经济制裁，否则将自食其果。在"名人小组"的调停失败后，英国外交大臣杰弗

1990年6月22日，纽约联合国总部，曼德拉发表演讲，呼吁联合国维持对南非的制裁，直到种族隔离制度被废除

里·豪还去南非作了最后的努力，以避免经济制裁，但仍然无效。

同样在9月16日，欧洲共同体宣布对南非实行经济制裁。制裁措施包括：禁止从南非进口钢铁和金币，禁止在南非进行新的投资。

但此次经济制裁却被非洲领导人称为"温和的举动"。该制裁对南非而言可谓是隔靴搔痒，作用极其微弱。这主要是因为英国和德国反对对南非实施更为严厉的措施。制裁的最终目的不过是希望影响南非对欧洲出口的5%，因此过于制裁南非经济会适得其反。但是，南非黑人运动领导人坚决要求撤走外国公司。

10月2日，美国参议院最后以78票对21票赞成对南非实行经济制裁。

其实，美国对南非的投资仅次于英国，位居第二。虽然第二次世界大战结束时美国在南非的投资尚不足1亿美元，但到20世纪80年代初也就是里根政府时期，美国主张对南非实施"建设性交往"战略，把南非作为南部非洲的依靠力量，其直接投资已达26亿美元，300多家公司在南非设有分公司。到1983年，美国在南非的直接和间接投资已达150亿美元。这不仅因为南非拥有重要的矿产资源，还因为南非的战略地位过于突出——其经济实力和军事实力在此地区占绝对优势。

因此，在联合国多次对南非实施惩罚性措施投票时，美国总是力图袒护南非，鼓吹在南非内部实行"和平变革"。1985年7月，南非宣布对36个黑人城镇实行《紧急状态法案》以后，联合国大会要求西方国家制裁南非，以缓解国会的压力。最后，里根政府签署了一项有限地制裁南非的命令，包括禁止进口南非金币、禁止向南非出售核技术等。

德克勒克上台后的缓和措施

德克勒克是在种族主义氛围极其浓厚的环境下长大的，他和博塔一样，出生于阿非利卡人家庭，其父曾任南非上院主席。1984年，博塔实施三院制议会改革，德克勒克先后出任白人议会部长委员会主席、议会主席。

德克勒克的领导作风与博塔迥然相异，他赞成集体协商，主张谨慎从事。这是博塔对他不满意的主要原因。然而在与博塔认定的接班人赫尼斯、皮克·博塔竞争时，德克勒克胜出，成为众望所归的领袖。

德克勒克在任期间，极力坚持博塔路线，坚决反对曼德拉提出的一人一票的全民选举制度，并拒绝与黑人领袖对话。

1984年，德克勒克出任教育部部长，面对白人越发高涨的反对种族隔离的思潮，他威胁道："白人大学里必须停止政治活动，否则将削减政府的补贴。"

1989年8月2日，临近选举之时，黑人民族解放运动的积极分子在全国范围发起了一场"蔑视运动"。"蔑视运动"由"群众民主运动"和南非工会大会组织，来抗议实施了三年之久的《紧急状态法案》，因为该法案以各种条令限制持不同政见的人举行政治活动。

德克勒克，南非政治家，南非共和国最后一任白人总统（1989—1994），他结束了南非种族隔离制度

鉴于此前的街头示威活动和暴力反抗效果甚微，组织者决定改变方式，以和平的不服从运动来求得国内外的支持。黑人志愿者不顾种族隔离制法令，纷纷来到标有仅供白人使用的医院、海滨等公共设施，无视其禁用的标志。最后，在一些地方还是出现了暴力对抗，但是大部分志愿者没有受到人身伤害。

这次"蔑视运动"得到了德斯蒙德·图图大主教的支持，其他宗教界领袖和黑人劳工运动的领导人也给予了声援。

1989年9月份，运动在称为"大游行"的活动中达到高潮。近35000

名各个种族的人于开普敦市中心示威游行，对警察的严厉镇压措施表示抗议。

德克勒克总统经过深思熟虑，决定不予干涉，顺其自然。因此，图图大主教和其他领袖率领的游行队伍安然无恙。

这次游行成为黑人政治运动史上的一个转折点。自此以后，全国各地多采取这种非暴力的示威游行方式。同时，德克勒克的命令也被理解为政府开始对权力无限的南非保安系统进行整肃。

令人值得关注的是：这位新领导人能否率领全党渡过难关呢？

1989年9月份，南非大选结束，国民党虽然保住了执政党的位置，却失去了议会很多席位，由123席减至93席，而右翼势力的保守党和左翼势力的民主党都增加了席位。9月20日，德克勒克正式宣誓就职，任南非总统。

德克勒克上任之时正值南非种族主义政权处于风雨飘摇之中。此时的德克勒克显示了过人的政治胆识和勇气，决意开创一个新南非。在发表就职演讲时，德克勒克宣称自己不仅仅是那些在议会中有代表的人的总统，而是包括南非黑人在内的所有南非人的总统。他还表示，所有的南非人将以公正和平等的方式参与南非的管理和建设。同时，德克勒克表示，要在南非推行一条民族和解的道路，废除种族隔离制度。随后，他会见了一批黑人宗教领袖，其中包括德斯蒙德·图图大主教，征求他们对南非政府与反种族隔离制的黑人力量谈判的意见。

1989年10月15日，8名黑人民族主义领袖被南非政府无条件释放，其中包括西苏鲁在内的5名在利沃尼亚审判中被判处终身囚禁的"非洲人国民大会"领袖。联合民主阵线称这为南非人民和国际制裁的伟大胜利。

为了进一步表明自己是一位开明的领导人，德克勒克总统还采取了很多有建设性的措施,如允许南非民众在开普敦等城市举行大规模的反种族主义示威游行、免除了比勒陀利亚中央监狱中 7 名犯人的死刑,等等。同时,南非政府还把约翰内斯堡的剧院、餐馆、公共汽车等公共场所向南非黑人开放。11 月 24 日,政府宣布在开普敦第 6 区、德班市商业区、约翰内斯堡与比勒陀利亚之间的郊区以及博克斯堡的部分地区向所有人种开放,允许黑人、白人及其他人种混居。

显而易见,在德克勒克总统上台不到两个多月的时间里,他采取的一系列新的重大决策,使南非国内向实现和解迈出了一大步。

第二章
CHAPTER 1

自由，担负和解使命

仇恨让黑白两个种族无数的生命逝去，几百个年月之中，多少灵魂被埋葬。是继续对立，还是和解？种族和解的历史使命，落在曼德拉的肩上。

自由：和谈时刻已经到来

1990年2月2日，德克勒克，现任的南非总统在议会前宣读了传统的开幕词，除此之外，他要做一些历任南非国家领导人没有做过的事情：真正开始废除种族隔离制度，以民主制为新的南非奠定基础。他以引人注目的方式宣布了取消"非洲人国民大会"的非法组织禁令。

"和谈的时刻已经到来。"德克勒克说。

在过了7日之后，2月9日的那一天，曼德拉接到了去图因胡伊斯的通知。下午6点，曼德拉在总统府见到了微笑等他到来的德克勒克。德克勒克告诉曼德拉一个消息，明日，也就是2月10日，曼德拉长达27年的监禁生涯便要结束。

"你被释放了。"

南非当局决定无条件释放曼德拉。

这真是一个巨大的惊喜，但是曼德拉只是在略微思考后向德克勒克表示了感谢，他保持着理智，而他还有别的顾虑，对此，他希望政府能够在一周后再将他释放。

"我非常感谢德克勒克先生以及当局，"曼德拉说，"但是，不得不考虑如果我明天就这样出去，可能会引起人民混乱，因此我请求政府先放出消息，而从今天算起的一周后再释放我。"

南非政府原意是要用飞机将曼德拉送回约翰内斯堡，并正式在那里将他释放。对此，曼德拉表示不认同。曼德拉表示，他想步行走出监狱的大门，他还不想这么快就妥协，他尽力争取能够以比较轻松的方式，走出监禁了他27年的监狱，而不是在政府的安排下，面对一个个记者的闪光灯。

曼德拉对获得自由感到由衷的喜悦，虽然此刻他还面临着波折，但是他衷心希望能够向开普敦的人民问候，毕竟他在开普敦生活了近30年。还有那些对他友好的狱警，他也希望能够与之告别。

"一旦我获得自由，"曼德拉说，"我会自己照顾自己。"

遗憾的是，南非政府已经通知了全球的媒体。最后曼德拉得到一个折中的结果，他可以在开普敦被释放，但是不能等到一周后。

正式释放曼德拉的时间是1990年2月11日，这注定是个会被历史记住的日子。那一天，曼德拉照常作了一番简单的常规锻炼，然后平静地吃过早餐，然后给开普敦的"非洲人国民大会"和联合民主阵线人士打了电话，告诉他们他即将被释放。

2月11日下午3点，曼德拉和温妮一起走出维克多·维尔斯特监狱，曼德拉与所有关照过他的警卫人员和狱警告别。

1990年2月11日，曼德拉被释放后，与妻子温妮一起高举拳头

曼德拉与格雷戈里准尉拥抱。这位白人狱警，在漫长的时光之中，与曼德拉建立起了深厚的友谊。得知可以出狱的那天，曼德拉曾经去看望过这位特殊的朋友。

曼德拉说："格雷戈里，我明天要出狱了，我以后会来看望你的。"随后，他禁不住拥抱了这位狱警，眼泪夺眶而出。

至今，在格雷戈里家的会客厅醒目的地方，仍然挂着一幅曼德拉和他的合影，另外还有一张曼德拉亲笔写给他的卡片：

军士长格雷戈里：

"20年来我们共同度过的美好时光今天结束了，但是我会永远记住你。谨向你和你的家人致以最诚挚的问候，并请接受我最深厚的友情。

走出维克多·维尔斯特监狱，迎接他的是数百名记者，以及数千名激动的人民。这令曼德拉不知所措，在汽车开往开普敦市政厅广场的路上，他们所到之处，都有欢呼的人群，甚至一些白人家庭也站在路旁，这令曼德拉感受到巨大的鼓舞。

等曼德拉他们终于从热情的人民中艰难地来到了开普敦市政厅广场时，离预定时间已经过去了3个多小时。在开普敦最大的广场——市政厅广场上，大约有10万人在等待着曼德拉出狱后的第一次讲话。

当曼德拉走上大厦的顶层时，他只看到一片几乎看不到头的欢笑的海洋，无数的小旗与标语挥舞着。

曼德拉向人群举起拳头——那是"非洲人国民大会"的会礼，"政权！"曼德拉高喊。"属于我们！"群众回应着。"非洲！"曼德拉又喊。"再回来！"群众呼应着。

经历了长达27年的监禁生涯，这一刻，曼德拉终于重获自由。

使命：责任与危机

1990年3月2日，在"非洲人国民大会"全国执行委员会上，曼德拉被选举为副主席，此时距离他出狱仅过去了不到一个月的时间。

出狱后的这几天，曼德拉非常忙碌，似乎他在狱中27年时光所积压的事务，在此刻统统压上了他的双肩。出狱的当天，他在市政厅广场作完演说，紧接着便收到"非洲人国民大会"为他制订的工作计划。

曼德拉遗憾地表示，他原本梦想着，一离开监狱，就要从容地开着车去特兰斯凯，去看一看他的出生地——他至今还没到过的他母亲的墓地。不过他并没有拒绝这些繁重的工作计划，尽管这些计划中没有一项能让他去特兰斯凯做一次轻松的旅行。

被释放的第二天，也就是1990年2月12日上午，曼德拉与"非洲人国民大会"的同事商议了招待会的议程和策略，他亲自拆看祝贺他的贺电，并尽可能回复致电人。令曼德拉高兴的是，除了外国的总统、首相发来的贺电，还有一位开普敦的白人家庭妇女也向曼德拉发来了贺电，这封贺电使曼德拉尤为高兴。

2月27日，曼德拉前往卢萨卡会见"非洲人国民大会"全国执行委员会领导层。当载着曼德拉等人的飞机徐徐降落时，机场上一片欢腾。赞比

1990年2月25日，曼德拉从监狱释放十多天后参加一次集会

亚的卢萨卡机场彩旗飞舞。这一天被宣布为全国节日。机场上等候的人群中有赞比亚总统肯尼思·戴维·卡翁达、西南非洲人民组织领导人、乌干达总统、联合国代表、英联邦代表、加拿大外长、巴勒斯坦解放阵线主席阿拉法特等。

"非洲人国民大会"的领导人站在显著的位置。能与几十年没见过面的老同志们聚会，这无疑是一次令人高兴的重逢。

曼德拉发表了简短的讲话，他向赞比亚和其他非洲前线国家表示感谢。曼德拉说没有他们的支持，"非洲人国民大会"今天的处境将很艰难。

被选举为"非洲人国民大会"副主席之后，曼德拉在关于是否停止武装斗争上与赞比亚总统卡翁达有过一次谈话。对于卡翁达，曼德拉的评价很高，他高度赞美卡翁达的睿智，也非常感谢他对"非洲人国民大会"长期的、坚定的支持。

但是对于是否要放弃在南非的武装斗争，卡翁达对曼德拉说："既然你已经被释放，'非洲人国民大会'在南非的武装斗争，就应该暂时停止。"

"是的,我已经重获自由,"曼德拉却并不赞成,"但是,现在停止武装斗争的时间还太早,南非人民还没有达成我们之所以拿起武器的目标。"

44 岁时曼德拉被南非政府关进监狱,而今他已经 71 岁,走进监狱的时候他在心底珍藏了一个梦——种族和解,如今他获得了个人的自由,但是他并没有感觉到太多的喜悦,因为黑人没有政治自由的状况,仍然没有任何改变。尽管他走出了监狱,可施加在他的人民身上的桎梏还未被除去,他并不感到他获得了真正的自由。

随后的日子,曼德拉开始访问非洲其他一些国家。"非洲人国民大会"希望尽可能将曼德拉被释放后所造成的欢乐气氛,以及激昂的士气利用起来。曼德拉所到之处都充满了热烈的欢迎,南非政府也展现了和谈的意向,一切似乎都正朝着好的方向发展。

但危机始终存在,最令曼德拉忧心的是南非黑人之中产生的内部分歧。黑人中长期存在的思想和策略分歧,以及南非白人政府培植的黑人家园部族保守势力与黑人解放运动的对抗,双方支持者之间积怨甚深,矛盾不是轻易就能消除的。

除此之外,与南非政府的谈判也并非一帆风顺。1990 年 3 月 17 日,曼德拉结束了他出狱后的首次出访。回到南非后,他立刻投入了尽快与德克勒克政府对话的准备阶段。但是,首轮会谈因 3 月底连续发生的暴力冲突事件而延期。矛盾已经堆积到临界点,整个南非的气氛都浮躁、不安,危机一触即发,南非政府中极右势力并不甘心就此放弃。

曼德拉一直明白自己所走的道路,此刻他发现,他所追寻的目标并没有随着他的释放而临近,更多的阻碍树立了起来,然而形势毕竟已经发生了变化。

"我已经不再是一个年轻人,"71 岁的曼德拉已经到了古稀之年,他似乎应该放慢脚步，颐养天年，补偿他曾缺失的家庭的温暖，然而他不能也不想停下，"一个崭新的、民主的新南非。这就是'非洲人国民大会'的使命，这就是我在有生之年要坚持的目标。"

他已经浪费不起任何时间，多年寂寞的牢狱生涯，更让他珍惜此刻难得的机会。而因为忙碌无暇顾及家庭，这也成为曼德拉心中一个深深的遗憾。

冲突：内部矛盾与"红色阴谋"

曼德拉被监禁期间，南非黑人政坛出现了一个崭新的政党：因卡塔。

因卡塔是"民族文化解放运动"的简称，是以祖鲁族为基础的黑人组织，它的领导人是加查·布特莱齐。因卡塔最初出现于1928年，一开始它旨在帮助祖鲁人了解自己的历史和文化。20世纪70年代，南非政府加快推进班图斯坦计划，特兰斯凯等4个黑人保留地宣布独立，但也有一些黑人保留地的领导人反对政府以"独立"来剥夺黑人的南非国籍，加查·布特莱齐就是抵制"独立"派的代表。一度消亡的因卡塔亦于1975年3月再度成立。这一次它开始作为一个新兴的政治党派提出诉求。

因卡塔的主张与"非洲人国民大会"类似，要求南非黑人享受与白人同等的政治权利。可以在自己国家的土地上生存和发展。但是因卡塔并不支持武装斗争，而是提倡和平谈判。并且，因卡塔的党纲规定其领袖必须是夸祖鲁黑人保留地的首席部长。

布特莱齐曾经加入"非洲人国民大会"的青年团,他曾经被视为是运动组织未来的年轻领导人之一,但随后他回到了夸祖鲁,并且创立了因卡塔。

南非的黑人民众分成了两部分:一部分支持"非洲人国民大会",另一部分支持因卡塔。他们之间的冲突频频发生。曼德拉曾经想要与夸祖鲁的国王以及布特莱齐洽谈,但却因种种原因未能实现。到1990年3月份,两派支持者之间的冲突已经上升到大规模械斗的程度,仅仅一个月,就有230人在种种灭绝人性的暴力冲突中丧生。

这令曼德拉感到非常心痛,他努力想要与夸祖鲁的国王建立一种独立于因卡塔的联系,并开始频繁地演讲,劝说人民放下武器,和平地携起手来。在后来的会谈中,布特莱齐建议由曼德拉、德克勒克和他本人组成左右南非和谈进程的"三人集团",即并驾齐驱的三驾马车。

这实际上是南非国民党的一个策略,他们拉拢因卡塔,与因卡塔建立反"非洲人国民大会"的联盟,并且拉拢开普敦地区的有色人种,比如印度人。他们试图恐吓有色人种,使他们相信"非洲人国民大会"是反对有色人的组织。

布特莱齐所提出的"三驾马车",其实是一种联邦主义。他想要保留夸祖鲁的政权。而德克勒克也绝非一个彻底的开明派,虽然相比其他历任南非总统,他愿意采取改革措施,但他的目的依然是保障南非白人在新的统治制度下仍然占据统治地位。因此,德克勒克反对"大选获胜者决定一切"。他希望能在团体权力的基础上建立一种分权模式。

布特莱齐的"三驾马车"提议使他遭到了"非洲人国民大会"上层一致的反感,虽然他曾经被寄予厚望。曼德拉本人更是直接拒绝了德克勒克所谓分权制度的谈判。

"这是一种乔装改扮了的隔离制度。"曼德拉直言。

但总算，1990年5月2日，与政府的第一轮谈判成功开始了。

这次谈判是在一个令双方都相当意外的、认真而轻松的氛围里进行的。"我们以平等的身份走到谈判桌旁，"曼德拉说，"不是过去南非白人与黑人主仆的那种关系，而是以平等的南非人的关系。"

虽然在释放政治犯的问题上，"非洲人国民大会"未能与南非政府达成一致，但是当为期三天的谈判结束后，他们达成了一个《格鲁特舒尔备忘录》的协议。终于开始了解决他们前进道路上的障碍的第一步。

但是挑战随之而来，与政府谈判之后，曼德拉曾经出国访问，但是他不得不在7月份的时候回到南非，其原因就是暴力冲突已经愈演愈烈。

1990年7月25日，正当曼德拉以及其他"非洲人国民大会"代表团团员在为第二轮谈判作准备时，南非警方却公然以"红色阴谋"为借口，拘捕了南非共产党政治局委员兼"非国大"全国执委会成员麦克·马哈拉吉，指控他企图在"非洲人国民大会"与政府谈判失败后，通过武装斗争推翻现政权。随后，警方还以同样罪名拘捕了其他40名的"非国大"成员。

南非共产党一直以来都是"非洲人国民大会"的忠实盟友，双方的合作可以追溯到南非共产党成立的时候，而"非国大"近三分之一的领导层都是南非共产党成员。

南非政府的作为令南非国内的气氛陡然紧张。曼德拉立刻与德克勒克进行紧急会晤，他对德克勒克解释，所谓企图推翻政府的计划，只是一个被废弃了的计划。

"您被自己的警察欺骗了，"对于南非政府要求将南非共产党成员从会谈代表团排除的要求，曼德拉绝不接受，"'非洲人国民大会'不会与南非共产党断绝关系，我们也不会将他们从我们的谈判队伍中排挤出去。"

曼德拉清楚地意识到，所谓的"红色阴谋"，只是政府想要借此拆散"非洲人国民大会"与南非共产党之间的盟友关系。南非国民党从未放弃白人至上的行政策略，并且力图垂死反扑。

博弈："第三方"势力

1990年8月6日，虽然经受"红色阴谋"等重重阻碍的影响，"非洲人国民大会"与德克勒克南非政府的会谈还是正常举行了，双方签订了《比勒陀利亚备忘录》协议，达成了对于释放政治犯的一致意见，即政治犯指那些出于完成某个特定事业的政治动机（不是个人目的）而违犯法律构成犯罪（包括杀人罪）的人。

长久以来为民族解放自由抗争而被捕的"民族之矛"成员以及其他原因入狱的黑人解放运动成员，得以无罪释放。虽然这也成了白人右翼为种族主义屠杀辩护的借口，但曼德拉等人经过商讨之后，还是选择对南非政府表示诚意——暂停武装斗争。

对于这个决定，泛非主义的大部分成员都表示不能接受，黑人群众当中质疑的声音也很多。曼德拉决定到各个黑人城镇，亲自对民众作出解释。

"尽管我们暂时停止了武装行动，"他一遍又一遍地重复，"但是，我们并没有终止武装斗争。这是一个很有意义的让步，我并不怀疑德克勒克先生的诚意。"

虽然阻碍和平谈判进程的问题——政治犯大赦，双方签订了协议，政府也同意对《国内安全法》进行审议，但是德克勒克政府为了控制政治进程的主动权，在消除谈判障碍的协议达成之后，并没有立即实施，而是拖延释放政治犯，对"非洲人国民大会"流亡人员的回国设置新的障碍，使其大批骨干滞留国外。

南非国内不断升级的暴力冲突也令曼德拉头疼不已。更令他感到怀疑的是，南非的警察和安全部门有意纵容，对于暴力事件他们既不去处理，也不逮捕行凶者。德克勒克以"文化传统"作为借口，允许民众在集会的时候携带刀、棍棒、斧头一类的武器，一改以往禁止黑人携带任何利器出门的禁令。

德克勒克对黑人"文化传统"突如其来的尊重和宽容让曼德拉不安。尤其是南非的警察，他们一改过去的作风，曼德拉接到情报，警察甚至亲自护送因卡塔成员接头。

1990年11月，一伙因卡塔党派成员占领了"非洲人国民大会"在约翰内斯堡东部的一个办事处，他们携带武器而来，如同一伙暴徒，见到"非洲人国民大会"的成员就加诸暴力。令人难以置信的是，事情发生之后，警察和政府没有采取任何措施，南非黑人的生命从来没有像现在这样如同蝼蚁一般。

曼德拉会见了法律治安部的部长艾德里安·弗劳克，但他没有得到什么有价值的回答。对此，曼德拉说："我本人而言，并不愿意怀疑德克勒克先生，但是现在这件事情，使我对德克勒克先生的和平诚意打上了一个大大的问号。"

暴力事件不断升级，这让曼德拉开始考虑，是否该不该重新拿起武器。一切的迹象都表明，有一股看不见的势力渗透到了和平谈判的进程当中。

"暴力后面有一只黑手，并暗藏着一支神秘的第三方武装势力，"在"非洲人国民大会"全国协商会议上，曼德拉提交了自己的报告，"他们一直企图破坏和谈，我们还不清楚这第三方势力到底是由哪些人组成，但是我断定它的存在。"

面对德克勒克敷衍的两面政策，"非洲人国民大会"随即调整了策略。曼德拉决定与因卡塔的领导人布特莱齐进行会谈，他们在德班的王室宾馆见面。那不是一次愉快的谈话，布特莱齐有备而来，但他带来的并非是解决两边派别的人民越来越严重的冲突的措施，而是大肆攻击"非洲人国民大会"对和平谈判提出的种种要求。

曼德拉安静地听布特莱齐说完，然后说："布特莱齐先生，首先，我要感谢你多年来，为我的释放所作出的许多努力。我们虽然属于不同的党派，但我们两个党派的目标是一致的，都是为了建设一个能让所有黑人自由生活的新南非。"

"现在我们的人民，因为分别支持我们两个党派而在流血——夸祖鲁人在攻击夸祖鲁人，在别的地方，更多的暴力事件正在上演，"曼德拉强调，"我们应该团结而不是分裂，平息我们人民之中的暴力事件。"

这一次私下的会晤，似乎取得了不错的进展——布特莱齐代表因卡塔与曼德拉签订了一个协议，同意遏制不断发生的暴力事件。但事实上这个协议，以及后来曼德拉与布特莱齐签订的第二份关于遏制暴力冲突的协议，都只是一张废纸，曼德拉与"非洲人国民大会"的努力很快就被浸泡在了暴力冲突的鲜血之中。

重重阻碍之下，曼德拉与"非洲人国民大会"依旧决定坚持和平谈判的道路。"这不会是一个一帆风顺的过程，"曼德拉说，"大家必须明白一点，就是斗争并没有结束，和谈本身也是一种斗争，正如其他任何形式的斗争一样，和谈可能会发生多次反复。"

患难夫妻，终成陌路

在暴力冲突、德克勒克的两面政策等阻碍之下，另一件至关重要的事情困扰了曼德拉的心——温妮，他分离了 27 年后终于得以团聚的妻子，似乎跟记忆中那个温柔勇敢的女性差别越来越大。

曼德拉在监狱时，最担心的事情有两件：第一，黑人解放运动的发展进程；第二，他的家庭、他的妻子温妮以及他的孩子们。曼德拉被捕入狱之后，温妮承担起所有责任，独自抚养两个女儿，还要继续丈夫的事业，为黑人解放奋斗。

政府对曼德拉非常忌惮，对温妮也施加种种迫害手段。"索维托惨案"发生之后，温妮勇敢地站出来参与"黑人家长联合会"的建设。她的勇气与乐观影响了无数的黑人青年。南非政府发现这个女人拥有跟曼德拉一样的能量之后非常担忧，因此他们将温妮流放到了布兰德福特。这是一个极端保守的白人区域，封闭且落后。温妮与女儿津荠仿佛坐牢一样被囚禁在一个破旧的屋子里，没有人敢与她交流，她被彻底地孤立起来。

虽然温妮凭借一贯的坚强，成功地扭转了局面，甚至还令布兰德福特的黑人开始觉醒，但政府长久的迫害，以及布兰德福特孤独的岁月，使她性格中负面的部分越来越大：自负取代了自信，残暴取代了勇敢，骄傲变成了跛扈。

曼德拉出狱之后，发现一些关于他亲爱的妻子温妮的丑闻。当然他并不相信。但1991年，法庭指控温妮参与一起绑架谋杀案，这对曼德拉造成了沉重的打击。

曼德拉始终是位法律的信奉者。他认为，如果法律不公正，那就应该修改法律，而不是破坏法律。虽然他组建了"民族之矛"，但他坚持认为暴力是不得已时才能使用的手段。

但温妮在长久被政府压迫的岁月中，却变得越来越信奉暴力。1987年，温妮创立了"曼德拉联合足球俱乐部"，这实质上是一个黑人暴力组织。1988年12月28日，俱乐部将4名青年从卫理公会牧师保罗·卫伦家绑架至索维托的一幢房子里。4名青年中有一人设法跑出来了，其中2名在之后被释放，但一位名叫斯多姆佩·莫凯提的青年却失踪了。1989年1月7日，警察在温妮的住所附近发现了一具腐烂的尸体，根据指纹检测，正是失踪多日的斯多姆佩。

1991年2月，约翰内斯堡最高法院正式开庭审判温妮。曼德拉陪同温妮参加了第一天的审理，他无论如何也不相信温妮会参与谋杀。对温妮的审判持续了3个月之久，只要有时间，曼德拉就会陪同温妮一起出庭。

对温妮第一轮的审判结束后，温妮被判处6年的监禁，但她很快被保释出狱。对曼德拉来说，不管判决或不判决，她毫无疑问都是无辜的。27年的牢狱之灾，温妮一如既往的支持给了曼德拉莫大的安慰。曼德拉虽然也感觉到了温妮性格的变化，但是他认为这都是长久以来政府的迫害，使得温妮变得偏激。为了补偿温妮，一生公正的曼德拉力排众议，让温妮出任"非洲人国民大会"社会福利部的部长。

曼德拉的举动并没有挽回妻子渐行渐远的心。随着地位的上升，温妮对权力的追求越来越强烈,她酗酒、闹事。曼德拉容忍着这些,他一面为"非洲人国民大会"在和谈的进程中遇到的种种阻碍忧心,一面又感受着妻子渐渐变化的态度。对温妮的指控毫无疑问影响到了"非洲人国民大会"整体的形象,但是这一切,都比不上温妮被证实与29岁的情夫同进同出对曼德拉的伤害。"她甚至不能洗刷一下他喝茶的杯子。"27年,丢失的不仅仅是时间,还有爱。

1992年4月13日,在瓦尔特和奥立弗的陪同下,曼德拉在约翰内斯堡举行了一次记者招待会,并宣读了一份声明:

我自己同我夫人温妮同志之间的关系已经成了众多媒体炒作的主题……

温妮同志和我本人,在我们国家解放斗争的关键时刻结为连理……我们不能享受正常的家庭生活。尽管存在这些压力,但是我们互相之间的爱恋和双方对婚姻的忠贞却丝毫没有动摇……

由于我们之间最近几个月中对许多问题有不同看法而造成的紧张状况,我们都认为分手将对我们双方是最好的选择……我个人绝对不会对温妮同志和我曾经共同分享的生活感到惋惜。尽管不应该出现这样的结局……女士们、先生们,我希望你们能理解我所经历的这种痛苦。

曼德拉并没有更多地解释他与温妮之间的一切,他后来在他女儿的婚礼上说,他不知不觉成为了南非一国之父,这是莫大的荣耀,但他却失去了作为一个家庭之父的莫大的愉悦,这种愉快对他来说实在太少了。

摆在曼德拉生命中第一位的是黑人解放运动,任何事物都要排后,这是他一生中作的最痛苦的抉择,他为此失去了很多东西,平静的生活、自由,现在,他挚爱的妻子,也终于失去了。

第三章
CHAPTER 3

总统！总统！

"我愿向所有善良的、怀有良好愿望的南非人张开我的双臂。"曼德拉的愿望并非是让历史重演，让黑人反过来将压迫施加于白人，而是要建设一个没有种族歧视，团结、民主的新南非。

实现和谈，问谁又能做到

1992年5月，和谈中断了4个月之后，多党会议在世界贸易中心召开了第二次和平谈判会议，即民主南非大会的第二次会议。

但在第一天，会议就陷入了僵局。晚上，会谈的双方各自带着恼火的情绪离去。曼德拉考虑之后，他邀请德克勒克喝咖啡，他们一边喝咖啡一边进行了一次私人会谈。曼德拉说："德克勒克先生，现在，全南非和全世界都在看着你和我。"他接着说："我要挽救这个和平进程，至少要确定下一次谈判的日期。"

德克勒克在私下一贯保持他的翩翩风度，对于曼德拉的提议，他没有反对，同意在第二天的会议上尽量努力让双方都本着让步的精神谈话。

但在第二天的下午，"非洲人国民大会"与代表南非政府的非洲国民党依然不能达成协议。德克勒克在谈话中坚持"少数否决权"，他们想要一种制衡制度，以防止占多数的种族"滥用权力"。虽然私下达成了谅解，但民主南非第二次会议基本没能取得突破，谈判陷入僵局。

"这些都是难题，"对于僵持不下的状态，曼德拉并没有过分悲观，"但是并不是无法解决的难题。"但随后发生的一件事使问题的解决似乎变得不再可能。

1992年6月17日,博伊帕通市的瓦尔镇发生了一起惨无人道的屠杀,约有46人被杀,其中多数都是妇女和儿童。南非政府再一次装聋作哑,不采取任何措施,既不惩罚肇事者也不调查案情。

忍无可忍的南非群众爆发了大规模的群众运动,"非洲人国民大会"宣布退出谈判。曼德拉公开警告德克勒克,面对南非境内爆发的群众运动,如果南非政府敢不顾人民已经沸腾的怒火,限制他们表达愤怒的任何形式,都会造成不可控制的后果。

"人民有示威和自由表达的权利,"曼德拉说,"如果政府企图采取新的措施限制群众,'非洲人国民大会'将会发动全国范围内的反抗运动,并且,我将会是第一个志愿者。"

但即使是在这样的局面下,曼德拉和"非洲人国民大会"也没有放弃和谈的努力。在一次集会上,曼德拉看见有人打出了标语口号,上面写着:"曼德拉,给我们枪!""胜利来自战斗而不是来自谈判!"南非人民的感情在一系列的流血冲突中受到了伤害,他们开始认为,武装斗争才是最好的办法,而和谈不会有什么积极的结果。

"非洲人国民大会"内部也出现了一种声音,主张重新开始暂停的武装斗争:"和谈绝对不可能使我们实现自己的目标。"

"我理解这种感情,"在这个民意沸腾,"非洲人国民大会"内部成员也被愤怒燃烧得失去理智的时候,曼德拉依然保持着冷静,他说,"没有别的选择,和谈是我们多年来一直主张的,我们不能放弃和谈。"

经过商议,"非洲人国民大会"决定暂时退出和谈,但是不放弃最终和谈的努力。为了防止人民过于愤怒而产生暴动,曼德拉决定发动群众运动,让南非政府看到人民的意志,人民也需要一个出气的方式,群众运动就是出气的最好方式。

在"非洲人国民大会"的领导下，南非举行了最大规模的罢工抗议，大约有400万工人坐在家中拒绝上班工作，这是南非历史上最大的一次政治罢工。

在这次群众运动的鼓舞下，"非洲人国民大会"决定对同样阻碍和平谈判进程的黑人保留保守政权发起攻势。1992年9月初，以"非洲人国民大会"为首的三方联盟，发动向西斯凯、夸祖鲁、博普塔茨瓦纳等黑人家园和平进军的计划。虽然目标是争取政治活动的自由，是正义合法的事情，但是策略的失当是明显的。当7万名抗议者向西斯凯黑人保留地的政府所在地毕晓的体育馆涌去时，西斯凯政权所属军队对游行队伍开枪扫射，造成近30人死亡、200多人受伤。

"西斯凯惨案"令"非洲人国民大会"上层震惊，他们显然对可能发生的流血冲突毫无准备，这是一次冲动的冒进。

"西斯凯惨案"令黑人之间的冲突加剧，支持"非洲人国民大会"的城镇黑人与保留地内的黑人的对立更为严重，并且开始向白人社会蔓延，治安局势越来越差，令白人居民也开始焦虑。同时，黑人大规模的罢工对南非的经济造成沉重打击，白人的工商业界人士开始转而支持政府进行和谈。德克勒克本人也被各界的批评搅得焦头烂额，特别是当媒体披露了南非政府安全部门资助因卡塔数10万美元，用以进行暴力冲突，这让德克勒克十分狼狈，他上任以来在国际上赢得的开明形象一落千丈。

曼德拉之前的猜测得到了证实——"第三方势力"确实存在，他们是由白人保守主义阵线与黑人保留地要求联邦分权的两股势力组成的。因卡塔首脑布特莱齐由于"分别治理"的主张与白人保守主义不谋而合，从而成为南非政府分化黑人、打压"非洲人国民大会"和曼德拉最好的砝码。

随着越来越多的南非政府资助因卡塔制造暴力冲突事件的曝光，布特莱齐声名狼藉。德克勒克也意识到，如果全国的暴力冲突继续这么蔓延，黑人、白人都将是输者。于是，德克勒克撤掉了国防部部长和司法部部长的职务，并派出军警平定白人极右翼势力武装分子的骚乱。

正如谚语所说，最黑暗的时刻是黎明的前奏。1992年9月26日，在"非洲人国民大会"与南非政府都保持了克制之下，和谈终于又回到正轨的征兆——曼德拉与德克勒克进行了一次正式的会谈。最终，曼德拉和德克勒克签订了一份《谅解备忘录》。

这份《谅解备忘录》令布特莱齐大为恼怒，他感觉到自己被主政的南非国民党戏弄了，他发表声明不接受《谅解备忘录》，并且表示因卡塔将退出和谈。

僵持将近一年的局面，令"非洲人国民大会"意识到，在现阶段，不对南非国民党作出一些让步，和谈是不可能继续的。最终，在不接受"少数否决权"的基础上，在一定的时期内，"非洲人国民大会"同意"共同分享权力"，即建立多党内阁制。

于是在长久的僵持之后，和谈双方同意建立一个为期五年的全国联合政府。在联合政府中，所有在大选中得票率超过5%的党派，都将按得票率参加政府内阁。1993年2月份，"非洲人国民大会"和南非政府宣布，就五年联合政府、多党内阁以及建立一个过渡性行政院原则上达成协议。

极端主义者最后的疯狂反扑

　　1993年4月10日，"非洲人国民大会"全国执委、南非共产党总书记克里斯·哈尼，在自己的住所门前遭到白人极右分子暗杀。执行暗杀的是荷兰裔白人移民瓦卢斯，他是白人保守主义自由阵线的成员。

　　在南非政府与"非洲人国民大会"达成建立联合政府的协议之后，23个小党派参加到和平谈判的进程当中，德克勒克摒弃了少数白人特权阶级的主张，一切都朝好的趋势发展。

　　这为白人极右翼势力所不容。早在谈判开始，一个白人保守主义的暗杀团便秘密地组成了。当双方达成尽快制定宪法组建过渡政府的协议之后，白人保守主义对"非洲人国民大会"恨之入骨。为了阻碍和平谈判的进程，使稍微平静的南非局面再度混乱起来是个非常有效的策略，因此暗杀团策划了此次对哈尼的暗杀行动。

　　4月10日早晨，曼德拉正走出房门准备会见特兰斯凯警察橄榄球队的时候，电话铃急促地响了起来。当曼德拉从电话中得知哈尼遇害的噩耗时，他感到无比的悲伤和愤怒，他失去了一位值得信赖的朋友，"非洲人国民大会"失去了一位栋梁之材。尽管很悲伤，曼德拉还是在第一时间觉察到此事将会引发的后果，他顾不上平复自己悲痛的心情，立即乘直升机去看望哈尼的父亲，向这位 80 多岁的老人表示哀悼，然后赶回约翰内斯堡。

哈尼作为"非洲人国民大会"少壮派的领袖，一向在南非黑人青年中拥有极高的声誉。他的死很快再度点燃了南非民众才稍微平息的怒火，各地的黑人上街示威游行，烧毁汽车和路障，防暴警察面对潮水般的黑人群众变得手足无措。

在这个时候，曼德拉深知他必须站出来，他不能让事态继续发展下去以免失控。在人民都愤怒得无法抑制的时候，曼德拉要替他们选择冷静，即使这样也许令他受到来自他所爱护的人民的质疑。

晚上，曼德拉赶回了约翰内斯堡，他首先出现在电视上——通过国家电视台和广播电视向全体国民——当然主要对象是黑人讲话，要他们保持冷静。"我理解大家的感受，我的心也被悲伤所笼罩，"曼德拉的声音传遍整个南非，不只黑人，白人也在注意着他的举动，"但是我们绝不能将种族对立起来，这不是种族战争，虽然刺杀了哈尼同志的是一个白人，但是举报了他让这个案子飞快告破的，也是一位白人妇女。"曼德拉以及"非洲人国民大会"清楚地传达了两条信息：第一，不要对白人采取报复措施，无论白人还是黑人，他们都是南非的人民；第二，绝不能让白人保守主义阻碍和平谈判进程的企图得逞。

面对群众的怒火，"非洲人国民大会"选择组织一系列的群众运动，让他们以合法的渠道发泄愤怒之情。哈尼被暗杀之后，索维托城举行了盛大的悼念活动。在他的葬礼上，约有 12 万人自发前来吊唁。曼德拉也来为朋友送行，面对好友的墓碑，尽管悲伤，但他还是非常克制。曼德拉对前来参加葬礼的黑人青年们说："把你们的武器扔到海里去。""现在是保持克制的时刻。"

哈尼身亡不久，曼德拉本人也接到了来自白人保守主义的恐吓信。他们发出威胁，将要刺杀曼德拉。对此，曼德拉并没有表现出任何恐惧，他从容地进行着制宪会议的工作。1993年7月，多党谈判会议投票通过决定，确定1994年4月27日为大选日。在这一天将举行南非历史上第一次不分种族的、一人一票的选举。

这令白人保守主义的极端右翼势力极为焦虑，他们做出了一个决定：与黑人保留地中抵制民主进程的势力合作，他们不希望南非成为一个统一的、全国性的代表会议决定政策的国家，而是希望组成类似黑人保留地那样的白人"保留地"。黑人保留地上层保守势力，以及因卡塔赞同这种方式，按照他们的意图，南非要变成数个小型邦所组成的联邦国家。

但这样一来，广大黑人依旧会被禁锢在原本的保留地内，意志被保留地的上层精英代表，南非将分裂，这是"非洲人国民大会"和曼德拉绝不允许的。

尽管如此，种族和解与全面大选已经是大势所趋。1993年9月7日，总统德克勒克不得不与"非洲人国民大会"及其他党派就《过渡行政委员会法案》达成协议。11月18日午夜刚过，多党会议举行了一次会谈，批准了临时宪法。政府和"非洲人国民大会"携手消除掉了最后的障碍。新的内阁将由得票率超过5%的政党组成。

1993年12月10日，挪威首都奥斯陆已经是寒风凛冽，然而在奥斯陆的市政厅里，万千灯光闪耀，人潮涌动。下午一点整，大厅里响起掌声，人们纷纷起立，目视曼德拉与德克勒克步入市政厅。德克勒克表情严肃，曼德拉则面带微笑，这两个曾经代表了南非不同阶层的人互相斗争，到最终却即将共事。此刻他们并肩走到了市政厅的高台，黑色肤色与白色肤色并列，一并接受一份至高的荣誉——诺贝尔和平奖。

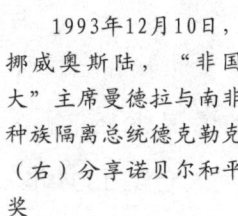

1993年12月10日，挪威奥斯陆，"非国大"主席曼德拉与南非种族隔离总统德克勒克（右）分享诺贝尔和平奖

在南非即将举行全面大选的前夜，他们携手接受了来自全世界的赞誉，曼德拉站在台上，他接过挪威诺贝尔奖协会给他的证书微笑宣告："让一个新的时代诞生吧！"

1994年4月26日，难忘的时刻

1994年4月26日这一天，南非举行第一次不分种族、不分肤色、不分地区的全民大选。4月26日是给特殊选民的投票日，包括南非的老人、残疾人和居住在国外的南非人。

4月27日，南非境内的全民公投正式开始。作为一个南非的合法公民，曼德拉参加了这次投票选举。他选择在位于德班正北方，一个青翠的小山

1994年4月27日，南非首次民主和所有种族选举，曼德拉在德班附近投票

城伊南达的奥哈兰治高等学校参加投票，因为"非洲人国民大会"的第一任主席约翰·杜比安就安葬在这里。

1912年，杜比安和一群怀着同样理想的爱国战士，创立了"非洲人国民大会"。1994年，历经82年，从杜比安开始，被一代代人肩负流传下来的历史使命，马上就要完成了。曼德拉选择在他的墓旁，让这一段长长的斗争岁月，画上圆满的句号。

曼德拉伫立在杜比安坟前，第一任"非洲人国民大会"主席，与现任的"非洲人国民大会"主席，在这个时刻以特殊的方式并列，"当我走到投票站的时候，我想到了那些用他们的生命换来了今天的英雄，我怀念那些伟大的非洲英雄，正是他们的牺牲，几百万南非人才能在今天参加全民大选。"

没有肤色的区别，不分你与我。

南非的人民在投票站外排起了长长的队伍，蜿蜒穿过乡镇和城市那尘土飞扬的道路和街道。那些等了半个世纪才等来一生中第一次投票选举的人民，他们脸上挂上了喜悦的笑容，眼神中充满了憧憬。

"一生中，我第一次感觉自己像个人一样。"投票站外，一位年老的黑人妇女对曼德拉说。

这对曼德拉而言何尝不是如此，这也是他人生中中第一次参加决定国家未来政治的全面选举，他手中握着的，是他人生中第一张合法选票。他在"非洲人国民大会"几个字后面的空格中打了个"X"号，然后把折叠起来的选票投入了一个简易的木箱中。

这是个一直在曼德拉的记忆中燃烧的情景，他无法忘记4月27日这一天所看到的一切。27年的牢狱生涯，他饱尝辛酸，而为之奋斗一生的目标，在这一天终于实现——一个新生的南非，一个白人与黑人都能自由生活的国度。这一刻，终生难忘。

随后的几天，过渡委员会开始统计投票结果。"非洲人国民大会"获得了全国投票的62.6%。虽然并没有达到曼德拉他们原本所希望的2/3，但对于这个结果，曼德拉却松了口气。

曼德拉一点儿也不失望"非洲人国民大会"失去了独自起草宪法的资格，只有"非洲人国民大会"起草的宪法，不是南非的宪法，他想要的是一个真正全国统一的政府、一个各党派协作的南非政府。

5月2日，南非全民大选落下帷幕，"非洲人国民大会"取得了决定性的胜利。当天晚上，南非政府前总统德克勒克，发表了一段讲话，他温和而平静地坦承了竞选的失败，风度翩翩地祝贺"非洲人国民大会"的胜利，虽然经历过如此漫长的对抗，南非的政权在他手中，总算以一种相对和平的方式移交到了全体人民的手中。

那天晚上，虽然曼德拉正患着重感冒，但他依然来到了约翰内斯堡市中心的卡尔顿大酒店，舞厅里是到处庆祝的人群，他走上舞台，看到的是一张张欢笑的面庞。

"我希望你们不要告诉我的医生，我没有遵从他的嘱咐，待在家中好好休息，而是出现在了这里。"曼德拉朝人们说道。人们对这句俏皮的话报以善意的微笑。随后，曼德拉用庄严而坚定的语气，缓慢地说："这是我们国家的生活中最重要的时刻之一。我满怀骄傲和欣喜站在你们的面前——我为这个国家的每一个普通百姓而骄傲。我们可以公开大声宣布：我们终于得到了自由！"

在曼德拉年轻时，他有着一份令普通黑人羡慕的工作，但是他不认为自己是自由的；在监狱中的日子，他更不是自由的；出狱之后，他依然不认为自己得到了自由！但直到此刻，他亲口对舞厅里的人们、对南非千千万万的黑人说——真正的自由终于得到了！

历经三个世纪的殖民统治，在这一刻，一个崭新的时代已经来临。

拥抱过去，迎接光辉岁月

1994年5月10日，距离南非全民大选已经过去了一周，这一天，天气非常晴朗，天空就像是南非埋藏在地底深处那些湛蓝的宝石一样。在南非的首都比勒陀利亚，南非前总统德克勒克走上会场前台，作为南非第二大党的国民党领导人，他宣誓就职南非第二副总统。随后，"非洲人国民大会"全国主席塔博·姆贝基，宣誓就职南非第一副总统。

台下，泽妮陪伴着她的父亲曼德拉。两位副总统的就职宣誓完毕，曼德拉从女儿的身边走向高台，所有人的目光都看向他，无数台相机追随着他的身影。面对全世界的目光，曼德拉说出了自己的誓言。

1994年5月10日，比勒陀利亚华联大厦，曼德拉宣誓就职南非总统

　　我将遵守和坚持宪法，为共和国的繁荣昌盛，为共和国的人民奉献自己的一切。

　　今天，我们大家欢聚一堂……为新生的自由带来了光荣和希望。经受了太长太长的人道灾难之后，一个全人类都为之骄傲的社会就要诞生了。

　　我们终于获得了政治解放。我们决心把我们所有的人民都从贫穷、被剥夺、痛苦、性别歧视以及其他歧视的束缚中解放出来。

　　绝不能让这个美丽的国家再一次发生一伙人压迫另一伙人的悲剧，绝不能！……太阳将永远照耀在这个辉煌的人类成就之上。

　　让自由主宰一切。上帝保佑非洲！

新的国旗飘扬在比勒陀利亚政府大楼的前面，那是代表着团结统一的六色旗帜，无论是什么肤色，都将在这面国旗之下亲如一家。湛蓝的天空上，南非的飞行编队排成V字的形状，飞过长空，喷出了黑、红、绿、蓝

1994年5月11日,曼德拉在宣誓就任南非总统之后,与南非第二副总统德克勒克高举紧紧相握的两只手,这标志着种族主义的统治一去不复返了

和金黄色的彩烟,那是新南非国旗的图案。数万名聚集在比勒陀利亚的民众齐声演唱新南非的国歌——《上帝保佑非洲》,白人和黑人用各自的语言唱着相同的句子。

曼德拉与白人的将军握手,这些胸前挂满勋章的前南非政府国防军和警察的最高将领,朝曼德拉回礼,并宣誓效忠新南非政府。75岁,对于曼德拉来说已经是普通人生命的晚年。但曼德拉在这个年纪,却成为了南非的总统,将自己为之奋斗一生的理想实现了。无数的赞誉给了他,但曼德拉却并不认为自己是个多么伟大的人。"我并不比别人道德高尚和富有自我牺牲精神,"面对全球的赞誉,曼德拉始终平静以待,"自由是看不见摸不着的,我的人民任何一个人身上带着枷锁也就等于所有人身上都带着枷锁,而我的人民身上都带着枷锁也就等于我的身上也带着枷锁。"

曼德拉于从前风雨崆峒的岁月积淀下他人格中包容一切的魅力,他走上南非权力的巅峰,他来自饱受压迫的黑人群体,他遍尝人间的苦难。但他依然平静地宣誓,对所有南非公民一视同仁,拥抱过去的苦难。如今,迎接曼德拉的,是属于自己的光辉岁月。

第四章
CHAPTER 4

权力前的谦卑

　　心中有人民,权力才谦卑。曼德拉双肩担负着新南非人民的未来,所以他只将自己当成一名家长,从不以权柄发号施令。

重任在肩，面临全新挑战

　　1994年南非全民大选，"非洲人国民大会"以优势胜出，经过内阁组建等准备，曼德拉所领导的南非新政府成立。此时他们面对的是一个长期处于种族隔离与暴力冲突之中，问题重重、千疮百孔的南非。

　　南非是非洲最富有的国家，一方面它拥有强大的经济实力，但另一方面社会贫富悬殊。曼德拉任职总统之后，他意识到要解决南非国内的种种问题，决非一朝一夕之事，而等着看他手忙脚乱出错的大有人在，比如南非白人极右翼分子。

　　事实证明，合格的革命领导人，不一定是合格的国家治理者。在抗争中有卓越贡献的革命领袖，治理国家的时候却常常策略失当。大选之前，"非洲人国民大会"对南非的经济状况，曾经有过"国有化"的设想，然而这一设想很快就在白人阶级的坚决反对之下作罢——当时的南非，政治动荡，社会治安极差，白人资本家人心惶惶，害怕自己的财产在"国有化"之下化为乌有。

　　如果"非洲人国民大会"一意孤行，推行"国有化"，其后果必然是大量资本外逃，给本就沉重的南非经济雪上加霜。而因长期饱受欺凌，带着巨大"补偿心理"的南非黑人，则殷切期盼政府能在短时间内改变他们贫困的状况——但实际上这是无法在短时间内做到的。在不推行"国有化"的前提下，怎样收回白人手中的土地、资源就是个棘手的问题。南非经过几个世纪的"黑白分治"，黑人与白人之间不仅是政治上存在隔离，南非大量的财产也集中在少数白人手中，白人资本家几乎垄断了南非的经济命脉。连续30年的经济衰退，也令南非失业率高达44.7%，并且一直居高不下。

南非城市治安混乱这个棘手问题的根源是"土地"——大量的土地都掌握在白人农场主、资本家的手中，600多万黑人长期作为流动的劳动力，居无定所，游荡在城市的各个角落，导致社会治安很差。这种状况并不因新政府的建立而有所改变——毕竟曼德拉不可能从白人手中将财产抢回来，白人也是南非的公民。

除此之外，黑人普遍没有接受教育，掌握高等技能的大多依然是白人，这使得黑人在竞争中处在劣势。这也是数量庞大的南非黑人长期贫困的根本原因之一。由于种族隔离制度，黑人难以接受良好的教育，文盲比比皆是。而黑人若是处于贫困、动荡之中，那么南非绝不会富强、平稳。

虽然曼德拉在任职之初，国际上大部分国家宣布对南非进行援助，但实际上这种援助的数额并没有太多——更多是因为曼德拉本人的人格魅力，以及与外国政府友好的关系而带来的一些外国资本。援助的形式主要是私人资本的投资，而南非长期动荡的环境令私人资本家裹足不前。

除了经济形势不乐观，曼德拉政府还面临着政治上的麻烦：怎样与过去压迫黑人的白人政党合作。南非大选后，出现了政治上的"蜜月"阶段，黑人和白人和解，人心思定。南非的国际地位大为改善，国际环境也空前得好。但是，因为旧制度遗留的矛盾冲突太多太深，许多人担心"蜜月"之后旧恨重起，多党联合的局面有可能维持不下去。

内阁之中，占多数席位的是"非洲人国民大会"，但是南非国民党、因卡塔等党派也占据了一定的席位，尤其是南非国民党。白人几个世纪累积的地位不可能一朝一夕就撼动，尤其是军事部门，8位将军全部都是白人。虽然因为曼德拉做出种种姿态，比如他与班图斯坦制度的推行者——沃尔沃德的遗孀一起喝下午茶、为荷兰裔球员加油等，努力以自己的行动表明他种族和解的决心，但白人当中的极端保守势力依然存在，虽然是极少数。而军事、经济等关键岗位被白人占据，"非洲人国民大会"内部也对此不满。

政治、经济上矛盾重重、问题不断，南非还饱受一种令人谈之色变的恐惧"瘟疫"的侵害：艾滋病。

起初，艾滋病并没有引起曼德拉政府足够的重视，虽然在曼德拉任职之初，一位医疗工作者就向他提出过这个问题，曼德拉的回应虽很礼貌，却没有采取什么有效的措施，他显然正忙着处理当时的政治大事。

忽视艾滋病的后果是可怕的，随后的10年，艾滋病在南非如山呼海啸般爆发。艾滋病传播的根源有很多：比如性传播途径，人民不愿意采取安全措施等，而贫困又使得这些问题雪上加霜。

1990年，南非孕妇当中的艾滋病患者只占孕妇总数的0.7%，到了1995年，这个数字增加到10.5%，而到了1999年，患上艾滋病的孕妇总数达到了可怕的22%。这意味着南非全国的400万人，也就是总人口数量的1.9%的人感染了艾滋病！

南非的文化也在一定程度上阻碍了艾滋病的治疗，人民谈"艾"色变，患病之后隐瞒、不予治疗，社会整体性的回避，令针对艾滋病的治疗困难重重。当察觉到情况的严重时，曼德拉开始呼吁人们关注艾滋病问题。虽然曼德拉做出了种种努力，但至今南非依然饱受艾滋病肆虐的痛苦。对于艾滋病的忽视也许是曼德拉最后悔的事情之一，他的第二个儿子马克贾托·曼德拉也没有幸免。2005年1月6日，曼德拉宣布他的儿子马克贾托·曼德拉在约翰内斯堡一家医院死于艾滋病，终年54岁。

用千疮百孔来形容曼德拉所接手的南非毫不为过，甚至最为贴切。但这些困难曼德拉并不能为外人所道，他

2005年3月19日，在国际艾滋病46664演唱会上，南非前总统曼德拉呼吁不应该让非洲妇女独自承担艾滋病病毒的负担。46664是曼德拉在罗本岛监狱的号码

甚至必须要乐观对待，他要为南非带来一个向前走的讯号：数百万黑人期待着曼德拉改变他们困顿的生活；白人公民谨慎怀疑地审视着他；政治"蜜月"的时间短暂，两派的冲突却历时长久；还有如同凶兽一样欲将南非吞噬的艾滋病；甚至他本人还必须承受与曾经恩爱的妻子温妮分居，家人一个个因为疾病或者年事已高而离他而去。

这些都是曼德拉所面临的，建立一个民主公平的南非是曼德拉毕生的梦想，现在新的政府已经建立，这些困境是危机，也是挑战。曼德拉重任在肩，他不会退却，亦不能退却。

极右翼分子负隅顽抗

1994年11月5日，荷兰裔白人约翰·海恩教授在家中被人行刺身亡。

约翰·海恩教授是南非荷兰新长老会主席，他是少数的白人自由派成员，早在南非白人政府当政时期，约翰·海恩就严厉批评政府所推行的种族隔离制度。虽然是白人，但约翰·海恩主动投身于黑人解放运动之中。作为一名神学家和学术界知名人士，他出版了许多著作，奠定了"教会在新南非中的作用和地位"。他在著作中猛烈抨击白人极右翼分子。对于南非黑人来说，约翰·海恩是白人之中难得的好人，值得尊敬；但对于白人极右分子来说，他就是一个叛徒，一个与"贱民"厮混在一起的不知廉耻的血统背叛者。

南非能实现种族和解，除了诸如曼德拉这样黑人解放运动领袖的不懈努力之外，约翰·海恩这样开明的改革派白人的存在，也是南非能够成功实现种族和解的重要原因。应该说约翰·海恩这类人才是真正的白人精英，他们不仅有一颗善良博爱的心，更值得称道的还有他们卓越的远见。在他们看来，长期处于种族冲突之中，南非的未来晦暗不明，种族隔离制度继续强撑下去对谁都没有好处。南非多年来取得的经济成就，会在种族冲突中化为乌有，更甚者会让国家陷入动荡之中。他们明白黑人已经觉醒，即使南非政府负隅顽抗，过不了多久南非白人就会迎来种族战争。

不管是出于对黑人的同情，还是对种族隔离制度的批判，约翰·海恩和少部分白人改革派为种族和解做出了许多努力。正是因为他们想方设法说服和压制了白人内部的种族主义者，对黑人的要求作出大幅度的让步，南非才得以和解。

这种对整个白人种群负责的做法不仅需要智慧，也需要勇气。约翰·海恩曾非常明确地指出，南非过去以及现在最大的问题是不尊重人权。要解决这个问题，就必须进行系统的教育。教会、学校、文化机构以及国家都要做教育工作。南非全民选举之后，代表种族和解的新政府诞生，白人种族主义者彻底落败，但是白人保守主义势力并没有消亡。他们痛恨曼德拉以及黑人改革家，他们也异常仇视约翰·海恩这样的白人改革家。因此，他们策划了继暗杀南非共产党总书记克里斯·哈尼之后，约翰·海恩的惨案。

当时约翰·海恩在自己的家中，他正和两个孙子玩耍。杀手站在距房子6米远的石板瓦建筑材料上，通过窗户用大口径步枪对着海恩教授的后脑开枪，海恩教授当场身亡。对于约翰·海恩教授的死，南非政坛上层人士十分震惊。曼德拉表示这是一起"充满政治色彩的有预谋的暗杀"。而凶手"不言自明"。曼德拉对南非人民说："现在政府不愿看到来自右翼势力方面的威胁，但那是不现实的。南非现在面临着来自极右势力的暴力威胁，这将影响南非的社会安定和重建计划。"

为了打击白人极右翼势力的气焰，南非成立了以亨德里克·维尔容为首的侦查和调查小组调查这起事件。曼德拉呼吁民众共同制止这种威胁，不要让约翰·海恩教授的鲜血白流。

虽然如此，能否维持多党合作的局面，是新政府正常运行和政治稳定的关键。曼德拉是和解精神的倡导者，对于白人极右分子，他选择拉拢、分化的政策。因此，南非新政府以自由阵线的国民议会议员为基础，成立了南非荷兰裔白人"民族国家委员会"，负责研究白人的自治问题。这使得白人保守主义势力中对他的不满大大减少。由于曼德拉提出和解政策，右翼白人对抗改革的势头已减弱，其多数采取了接受新体制、与新政府对话的态度，这避免了右翼白人置于变革之外而导致对抗和流血冲突的危险。

用宽恕埋葬仇恨的世界

当曼德拉以胜利者的姿态面向世人后，曼德拉并没有以"复仇"的方式对待他的对手甚至死敌，而是选择用宽容与和解征服他们，用宽恕埋葬仇恨的世界。

曼德拉说，种族隔离制度消亡"不是征程最后一步，只是迈步走上一条更加漫长崎岖的道路，因为自由并不仅仅是摆脱锁链，而是以尊重和促进他人自由的方式生活下去"。

就在 1994 年 5 月曼德拉就任新南非总统的典礼上，曼德拉邀请了格雷戈里等三位看押过他的白人看守出席典礼。

就职仪式开始后，已经年迈的曼德拉起身致辞，逐一欢迎来自世界各国的政要："能够接待这么多尊贵的客人，我深感荣幸。可更让我高兴的是，当年陪伴我在罗本岛度过艰难岁月的三位狱警也来到了现场。"随即，他把格雷戈里等三人介绍给大家，并逐一与他们拥抱，恭敬地向他们致敬。"我年轻时性子急、脾气暴，在狱中，正是在他们三位的帮助下，我才学会了控制情绪……"曼德拉的宽宏大度让世人肃然起敬。人群中发出经久不息的掌声。

仪式结束后，曼德拉再次走到格雷戈里的身边，平静地说："在走出囚室，经过通往自由的监狱大门那一刻，我已经清楚，如果自己不能把悲伤和怨恨留在身后，那么我其实仍在狱中。"格雷戈里禁不住泪流满面，那一刻他终于明白，告别仇恨的最佳方式是宽恕。

"仁爱和宽恕是打开南非未来之门的钥匙，仇恨只能让南非继续堕落。"曼德拉对此诠释道。

主政南非后，曼德拉面对的是一个复杂的国内局势：国内充斥着暴力和种族歧视，黑人与白人之间对立情绪严重，白人占据着领导地位，压迫黑人，黑人也在压迫中不断地进行暴力反抗，以及正在迫近的国家分崩离析的危局。多年的对立，导致了两个人种甚至在体育运动上都有着巨大的分歧：黑人崇尚足球，而白人则更喜欢英式橄榄球。

在长达27年的监狱生涯中，曼德拉开始了解橄榄球，进而了解白人的思维方式，体育上的对立给曼德拉带去了灵感，也为他找到了新南非成立的基础，也为南非带来第一届橄榄球世界杯作好了铺垫。出狱后的曼德拉想着尽快找到团结全国各种族民众的办法，他决心利用体育实现白人和黑人的和解。

曼德拉决定利用1995年南非世界杯橄榄球赛的契机，力求实现全民一心的空前盛景。而正如曼德拉所期望的那样，这一年的橄榄球世界杯成为南非体坛和政坛的里程碑。

在这场世界杯橄榄球赛上，曼德拉在体育场拥抱了白人橄榄球队队长弗朗克斯·皮纳尔，南非的黑人和白人则在各个城市的街道上一起庆祝胜利。曼德拉亲自为白人队长皮纳尔颁奖时说："体育具有改变世界的力量。体育的力量无与伦比，它能激励人民、团结人民。要打破种族藩篱，体育的力量胜过各国政府。"

此时的曼德拉真正成为了南非的"国王"，整个南非，无论是白人还是黑人，无论是曾经畏惧他、憎恨他或者崇敬他的人，眼中都泛起光彩。这届橄榄球世界杯感动了全世界，黑人和白人在一起高唱国歌。

获得这场国际正式赛事的冠军队使得南非人民真正感受到整个国家的最终团结，以及随之而来的力量、胜利和快乐。白人球队的队长皮纳尔说："当我们举起奖杯的时候，4300万人民都在我们身后，南非终于团结在一起了。"这句话，感动了当时4000多万的南非人民。

曼德拉用坚持和宽容，去争取各族共同的、平等的权益，而不再仅仅为自己的族裔去斗争，这不仅让自己的斗争目标升华到新的境界，也让越来越多昔日的旁观者甚至对手受到感染，开始摒弃非此即彼和你死我活的斗争理念。

南非白人政权最后一任总统、和曼德拉同获诺贝尔和平奖的德克勒克，一直不是曼德拉的"同志"，而是他的对手，他们彼此间政治理念各异，却逐渐形成了政治游戏规则和对话语言的认同。南非能实现平稳转型，避免了种族间的仇恨和杀戮，这种心领神会、建立在相互信任基础上的、对规则和语言的认同，是极其重要的。各族人民共存、平等，循和平、民主和法制途径解决分歧，这也是曼德拉和他的朋友、对手们，留给全人类最珍贵的遗产。

改革,改变的力量

曼德拉上任之初,他面对的是一个千疮百孔的南非,卸任之后,他却将一个经过五年发展而基本稳定,从世界臭名昭著的"贱民国家"一跃成为值得信赖的地区性大国的南非。

曼德拉在任期内所做的事情,总结起来可以归为三个政策:发展经济;巩固民主,改善300年来殖民主义遗留下的社会不公平状况;提高人民的生活水平。总的来说,曼德拉政府在上述领域都采取了大规模的改革措施,并取得了不俗的成效。

首先是经济领域内,新政府在经济发展战略上一改以往的"进口替代战略",提出"出口主导战略",即由内向型发展战略向外向型发展战略转变。政府决定要使南非经济通过调整,与世界经济逐步结合,并加强国际专业化与互补进程。

当然,改变并非一朝一夕之事,实际上南非深受经济衰退之苦。曼德拉任职总统之后,黑人罢工的潮流没有停止,反而愈演愈烈,这也反映了底层黑人对于期望与现实差距的不满。虽然新政府出台了不少有利于民生的政策,但是无法满足所有黑人的需求。

另外,不可否认的是,曼德拉虽然曾经有过将服务行业变为国有化的愿望，但是他受到南非大企业以及"非洲人国民大会"内部经济保守派很大的影响，这一点和他在1994年竞选总统时的誓言相反。南非的服务业被纳入了私人的范畴，这不得不说是一个令人伤感的现实，有些贫穷的黑人第一次用上了干净的水和电源，但却很快因为无力支付费用而失去。

为了对财政状况进行根本性的调整，曼德拉政府在1994年10月底提出了一个"收紧裤腰带"的六点计划，内容主要是削减政府官员的工资，彻底改革现有的公务员制度，逐渐将20万政府雇员裁减。

对于黑人企业和黑人劳动者，政府则竭力提供"公平的竞争环境"，努力消除社会长久以来对黑人的歧视。

为了阻止资本外逃，曼德拉政府没有实行私人资产"国有化"。南非新政府制定了一系列发展、就业和再分配的政策，以便为南非庞大的失业人群提供工作。

在政治方面，"非洲人国民大会"并没有成为某些评论家忧虑的那样"一党独大"，这要归功于曼德拉一直以来对于民主的追求。他虽然贵为总统，但却一直反对权力滋生的腐化，反对高度的集权。南非能够构建一个多党制度的政府、有反对党、有活跃的民间团体、有批评家、有独立的媒体……曼德拉功不可没。这也在一定程度上缓解了南非国内党派之间的对立，使政府节省了许多不必要的消耗。

南非在白人政府几个世纪的种族隔离统治中，不仅造成了社会长久的种族对立，还培养出了一个庞大的公务员体系，行政机构臃肿不堪。根据政治和解性质的《临时宪法》，新政府必须保证现有公务员的就业。这不仅给新政府的运行带来了困难，而且成为巨大的财政包袱，连续30年的经济衰退也令新政府成立之初就背负了巨额负债。

对于臃肿的行政机构，曼德拉首先提出"廉政"的行政方针，并率先捐赠了自己作为总统四分之一的工资，作为救助无家可归儿童的基金。他还号召其他政府官员也这样做。

在民生方面，曼德拉带领的南非新政府致力于改善南非黑人的生活状况。在曼德拉上任之初，就宣布实行新的教育法。1996年，南非通过《南非教育法》，要求7～15岁的未成年人必须接受教育，并废除了种族隔离时代的教材，还在小学推行"免费午餐制度"，免费为南非的小学供应牛奶。

曼德拉政府还拿出巨额预算，用以改善黑人的生活居住条件，包括兴建廉价住房、提供水电、建立学校、改善医疗制度以及教育制度，等等。对于黑人丧失大量土地的问题，曼德拉选择将"土改"与"廉价住宅"两个策略同时推行，由政府出资，通过赎买的方式，将白人拥有的土地收回，重新分配给黑人；在城市中用公款建立廉价的住宅，为贫困黑人提供住所、自来水、电话和电力等。1994年5月至1995年9月，政府一共建立廉价住房10163套，尔后每月以2000套的速度推进。

虽然做出了这些努力，也出台了许多政策，但是仍旧未能达到曼德拉预期的目标。但不管怎样，南非社会趋于稳定、经济持续增长、白人和黑人的经济地位趋于平等是不争的事实。

由于新政府的努力，南非种族之间趋于和解。1994年，南非国民生产总值告别了连续多年的负增长，增长率达到了2.5%，次年达到了3.3%。

宽恕的前提是寻求真相

曼德拉政府在接手南非之后,所实行的创举之一,就是成立了"真相与和解委员会"。曼德拉任职之初,除了经济政治上的麻烦问题外,他还面临着一个必须慎重抉择的事情:如何处理南非白人政权当政时期所造成的大量人权侵犯案件。

南非黑人长期饱受欺凌,群众之中累积的愤怒与仇恨若不得以纾解,必将酿成极大的灾难。而曼德拉也是人权侵犯案件的受害者,他因此被关押了27年。虽然曼德拉本人可以一笑泯恩仇,漫长的牢狱生涯并没有使他的内心充满仇恨,他甚至严格地遵守任职南非总统时的誓言,不分肤色种族地对待国内所有人民,但是他不能要求长期受

1995年2月10日,南非开普敦,曼德拉访问罗本岛监狱。曼德拉在这里度过了他27年囚禁生活中的18年。图为曼德拉在罗本岛监狱的石料场

到种族隔离以及白人政府迫害之苦的黑人民众与他一样大度。

但是，如果严格地清算白人执政时期的人权侵犯案件，那也是不可能的。且不说过去许多手染黑人活动家鲜血的白人政府高官，依旧拥有崇高的地位，想要审判他们所犯下的罪行确实是困难重重。"非洲人国民大会"为了推翻种族隔离制度，追求黑人自由解放——虽然动机是良好的，但在行动过程中，也不可避免地有侵犯人权的行为。

更为重要的是，如果严格地审判所有罪犯，势必造成种族之间更深、更难以破除的对立与隔阂。南非国内 500 万白人会强烈反抗，黑人会因为白人种种暴行的公开而更加仇恨他们，即使最后罪犯或许会得到应有的判决，但这不能缓解人民的仇视。

因此，在基于种族和解的前提下，1995 年 7 月，南非议会通过了《促进全国团结与和解法案》，根据此法案成立了"真相与和解委员会"，由诺贝尔奖获得者、反对种族隔离的精神领袖德斯蒙德·图图大主教任主席。"真相与和解委员会"的宗旨是在促进种族团结的基础上进行大赦，即根据所犯罪行、因人而异、因罪而异的方式大赦，大赦的前提是弄清楚犯罪的真相，强调"真相"而非"报复"。

委员会设立三个机构，第一个机构负责侵犯人权事件的调查；第二个机构负责判决是否大赦；第三个机构负责建议对受害者及其家属进行赔偿与救助。

"真相与和解委员会"审判所有案件的流程都将公开，通过电视将真相呈现在所有南非人的眼前。对于受害者，委员会给予他们一个在公众面前再也没有顾忌地讲述他们所遭受的侵害与苦难的机会。而对侵犯人权的人，只要他披露了与政治目标相关的所有的犯罪事实，赔偿受害人所受到的损害，以及恢复受害人作为南非公民的尊严和人权，真诚地为犯下的罪

"真相与和解委员会"以调查种族隔离期间侵犯人权事件真相、让受害者说出真相恢复尊严、考虑特赦说出真相的施害者为目的。1998年10月29日,"真相与和解委员会"主席图图大主教向曼德拉提交长达千页的报告,说明种族隔离时期侵犯人权的问题

行忏悔,对全体南非人以及受害者道歉,那么,只要他不是直接参与了屠杀,都将得到赦免。至于杀人者,则还是会受到司法公正的判决。

和解以还原真相为前提,寻求真相是迈向和解的第一步。"真相与和解委员会"不是法庭,而是一个舞台,让受害者当众讲出痛苦与屈辱,也让当年的官员、警察、打手与告密者供出所犯罪行,求得人民的宽恕。

虽然委员会并没有完全达到成立之初预期的目标,一些白人高官,比如前总统博塔,就对"真相与和解委员会"嗤之以鼻,也拒绝对指控他的人权侵犯案件做证,但是不可否认,正是由于"真相与和解委员会"的存在,南非国内才没有酝酿出新一轮的种族对抗。它使可能发生的流血冲突消散,它提供了一个令全体南非人了解国家历史的机会。

仇恨在终于得见天日的讲述中化解,受害者的怨愤随着他们宣泄的泪水一并流出。而曾经的加害者对受害者真诚的道歉,使受害者的心灵得到了安慰。政府的经济补偿也达到了一定的安慰效果。

从大局来说,"真相与和解委员会"完成了设立它的目标,虽然它有瑕疵，但南非人民对于委员会还是认可的。2003年3月，"真相与和解委员会"将其编写的厚厚七卷报告递交给南非副总统姆贝基，完成了它的历史使命。

第五章
CHAPTER 5

退出也是一种领导

曼德拉一直把自己轻轻放在与人民等高的位置，他在权力的最巅峰时却荣耀转身，退居幕后指点那些未经风雨的后辈，他走下了政坛，却走上了"神坛"。

再结良缘,安享晚年

1996 年,在法国巴黎的一次宴会上,已经 78 岁的曼德拉突然毫无预兆地宣布了一件事:"我重新坠入了爱河。"面对众人惊异的目光,曼德拉带着幸福的笑容,宣布了他与莫桑比克前总统萨莫拉的遗孀格拉萨·马谢尔的恋情。

格拉萨在非洲是个家喻户晓的名字,不仅因为她的两任丈夫——莫桑比克前总统萨莫拉,以及南非前总统曼德拉,更因为她本人也是一个战斗在民族自由解放前线的战士。她曾担任莫桑比克教育部部长,莫桑比克外交官推荐她进入联合国工作,不过格拉萨却说:"那里只有政治,我去那里能干吗?"最终,为了她喜爱的

格拉萨为曼德拉的生命注入了新的活力

儿童，她还是担任联合国儿童基金会的负责人。

1998年，曼德拉在生日的前一天与格拉萨携手走进教堂，他已经80岁了，格拉萨也已经50岁，他们都不再年轻，曼德拉却说："格拉萨为我的生命注入了新的活力。"他们走入教堂，面对欢乐的人群，曼德拉只说了一句："我和我的妻子……"就被欢呼的人群所打断，广大南非群众一致认为，格拉萨是终结曼德拉漫长独居生涯最好的人选。

1998年9月22日，曼德拉与第三任妻子格拉萨·马谢尔抵达华盛顿进行访问

曼德拉开玩笑地说："从今往后，我生活中最重要的内容有两个，第一个是格拉萨，第二个是到莫桑比克吃大虾。"

结婚之后，曼德拉和格拉萨依旧继续往日的相处模式，他们都还有各自的事务要处理，曼德拉不能放下南非的政事，格拉萨则依旧住在莫桑比克的首都马普托，幸好马普托到约翰内斯堡的飞机只需要一个钟头，一个月他们有两个星期的时间相处，分别的两个星期每天都会通两次电话。

2003年，这对夫妻终于在约翰内斯堡购置了一所漂亮的大房子。虽然这并没有改变他们两地居住的状态，但是曼德拉将他的孙辈们都接到了这里，同他一起居住。

对曼德拉来说，格拉萨是上天赐予他最后的礼物，他们的关系可以追溯到20多年前，当时曼德拉还在狱中，萨莫拉积极地给予他帮助，当萨莫拉不幸去世时，他写信安慰失去了丈夫的格拉萨。1991年他们第一次见面，慢慢地从相知到相恋。他们发现彼此有非常多的共同点，比如阅读、喜欢在安静的小路上散步、对乡村生活有着不可抗拒的喜爱等。

格拉萨性格安静温柔，也不擅长在媒体面前表达对曼德拉的爱，当被媒体询问的时候，她总是简单地说："他是真正的男人。"

对于曼德拉，她理解他。格拉萨说："与曼德拉在一起时，我不能整天地与他谈情说爱，他是个伟大的人，他的生命有许多重要的事，比如他的工作。爱一个人，就要爱他的全部，对吧。我觉得自己现在很幸福。"

格拉萨与曼德拉一样，他们都失去过至亲至爱的人，因此都更加珍惜这来之不易的缘分。对于双方来说，这是一个天赐的幸运。

功成身退，誉满全球

1997年12月，曼德拉辞去南非"非洲人国民大会"主席一职，并表示不再参加1999年6月的总统竞选。

曼德拉的一生追寻法律的公正，追寻真正的民主制度，他放弃竞选总统的动机不难理解——他只将总统看成一个普通的职位，他不能允许自己亲手推动建设的

1999年，曼德拉出席姆贝基的总统就职典礼

新南非政坛出现权力长久集中在一个人手中的现象，即便那个人是他自己。

至于总统地位所带来的权力，那恐怕比不上陪同格拉萨前往莫桑比克一同吃一道美味大虾来得重要。

1999年，曼德拉5年总统任期结束，他选择把一个经过5年治理而基本稳定的南非交给新的继任者姆贝基。

曼德拉任职南非总统期间，种族隔离制度被完全废除，大赦过去因异见而被南非政府粗暴监禁的政治犯，将南非从经济衰退的深渊中拉出，并削减了南非政府2500亿兰特的公共债务。实行新的教育法，将班图斯坦时期带有种族歧视色彩的教材全部更换。黑人精英阶层在曼德拉任职期间呈现持续性的增长，虽然数量上暂时还不能与白人相比。

必须要说明的是，即使是曼德拉，也免不了一些政策上的失误，比如他在艾滋病的应对上，就因不够重视而错失了治理的良机。在经济方面也没有做到尽善尽美，曼德拉任职之初爆发的黑人罢工潮流，就是底层黑人对现状不满和对期望落空后，失望之余产生的现象。

而不能将南非的大企业"国有化"，南非失去了一次重新分配国家财

产的机会，致使南非的旧阶层秩序在新政府成立后依然存在。

但是也必须看到，南非是一个经受殖民统治长达数个世纪的国家，殖民统治、种族隔离制度给南非留下了极深的伤痕，与过去数百年巨大的不公平相比，曼德拉政府取得的成就是空前的。即使没能照顾到全部国民，但大部分的南非人认可他，在曼德拉卸任总统之后，南非议会通过决议，决定将曼德拉尊为"南非终生名誉总统"。

"即使是总统，也不能凌驾于法律之上。"曼德拉不谋求连任，他始终将自己看成一个为自由和反对专政暴制的斗士。1997年，在"非洲人国民大会"第五十次年会上，他将"非洲人国民大会"主席的职务交给了坦博·姆贝基，尔后逐步放手日常事务，让姆贝基来处理，逐渐将他培养成一个合格的总统备选人。1999年，曼德拉正式卸任总统。在权力的巅峰，他从容转身，他不再是南非政坛上的总统，却成为了所有南非人心中一致认同的"国父"。

曼德拉辞去总统一职时，已经年过八旬，他到了耄耋之年。回首岁月峥嵘，静看沧海变迁，曼德拉经受的苦难、建立的功勋、获得的地位已然成为历史，他回归到一个普通老人的晚年生活。但是这个世界不会忘记他，他必将作为20世纪最伟大的、最值得尊敬的人物之一，被全人类永久地铭记。他走下了南非的政坛，却走上了历史的"神坛"。

自由之路，永不停顿

1999年，曼德拉卸任总统，并表示不会继续参与竞选。但是他依然活跃在南非政坛乃至世界，不仅依旧参与处理南非的日常事务，给他的继任者们指点迷津，还积极参与国际的事务，他的威望以及号召力使他成为许多争端非常好的调解人。他在任期间，南非还对联合国在非洲的维和行动贡献良多，他积极支持的核裁军，反对任何形式的对人权的侵害。曼德拉还发起过平民免受地雷伤害的运动。他在1997年于牛津发表的演讲中，充满激情地呼吁和平。他向全世界发问："我们能否自信地宣称，从今以后，各大洲、国家和共同体不会因为民族、宗教、种族和语言争端再次走上硝烟弥漫的战场。"

卸任总统之后，没了身份所带来的限制，在某些问题上曼德拉直言不讳。比如他曾经公开谴责发动了伊拉克战争的美国总统小布什，称美国的行为是无可辩驳的侵略，美国总统小布什作了一个错误的决定，带来的只是悲剧。

南非国内长期饱受艾滋病肆虐的侵扰，曾经有医疗工作者对曼德拉坦诚过艾滋病会给南非带来危机，但当时并没有引起南非政府的注意，在艾滋病爆发的初期，南非的人民与政府都忽视了它的危害，1990年南非全国成人中艾滋病感染率不足1%，仅10年时间，这一比例就上升到将近25%。这成为了曼德拉十分后悔的事情之一。卸任之后，曼德拉致力于帮助艾滋病患者。纳尔逊·曼德拉基金就是一个为帮助儿童和艾滋病患者而设立的基金会。

2002年，曼德拉在公开场合拥抱激进的南非艾滋活动家查克·阿奇马特。2004年7月，他在泰国国际艾滋病大会上发表讲话，呼吁人们关心艾滋患者。

2007年7月，美国前总统吉米·卡特、大主教德斯蒙德·图图、联合国前秘书长科菲·安南，以及曼德拉，在约翰内斯堡一栋气势恢宏的未来主义建筑的圆形屋顶下，宣誓将以致力于全球和平作为共同的目标而努力。这是来自英国亿万富翁查理德·布兰森和摇滚明星彼得·盖布瑞尔的"年长者"小组创意。

这些曾经站在全球权力或者财富、名望巅峰的人，在他们的晚年，依然为世界和平奉献自己的力量，而不是躺在家中颐养天年。

世人无法质疑他们的真诚，也无不惊讶于曼德拉继续致力于缔造更好世界的努力。虽然谁也不知道现在站在世界权力巅峰的领袖会不会听从他们这些"年长者"的建议，然而，毕竟曼德拉毕生都在从事为正义事业而进行的斗争。

无论身份是否变迁，曼德拉始终还是那个追求自由的懵懂的黑人青年。在南非实现了种族和解之后，他看向了争端不断的世界，他试图提供一种新的途径，避免战争，避免冲突，令自由的浪潮由一个点逐渐席卷全球。

虽然在任职期间，曼德拉政府也曾有过许多的政策失当，他的号召力对于全球位于权力巅峰的总统、首相们，也不一定具有那么强大的感染力，但曼德拉毕竟提供的是一个美丽的设想，他已经在南非实现了这个梦，他也相信人类的未来，一定也需要民主的帮助。

附录1　英雄赞歌

光辉岁月

作词：黄家驹

钟声响起归家的讯号
在他生命里
仿佛带点唏嘘
黑色肌肤给他的意义
是一生奉献
肤色斗争中
年月把拥有变作失去
疲倦的双眼带着期望
今天只有残留的躯壳
迎接光辉岁月
风雨中抱紧自由
一生经过彷徨的挣扎

自信可改变未来

问谁又能做到

可否不分肤色的界线

愿这土地里

不分你我高低

缤纷色彩显出的美丽

是因它没有

分开每种色彩

年月把拥有变作失去

疲倦的双眼带着期望

今天只有残留的躯壳

迎接光辉岁月

  1990 年 8 月 3 日到 6 日，黄家驹在从巴布亚新几内亚回来后，创作了这首《光辉岁月》，以向黑人领袖曼德拉致敬，歌颂了曼德拉伟大而辉煌的一生，充分地表达了自己对种族歧视的厌恶与憎恨！

  曼德拉在听到这首歌曲之后，立即找人翻译了歌词内容，当他听完歌词中的含义之后，不禁潸然泪下，可能歌词里面的一字一句，都深深地冲击了这位伟人心底最柔软的地方。

不可征服

(英)威廉·埃内斯特·亨利(1849—1903)

透过覆盖我的黑夜,
我看见黑暗层层叠叠。

感谢万能的上苍,
赐予我不可征服的灵魂。

就算被地狱紧紧拽住,
我,不会畏惧,也绝不哀求。

遭受命运的重重打击,
我满头鲜血,却头颅昂起。

在愤怒和悲伤的天地之外,
耸立的不只是恐怖的影子,

还有,面对未来的威胁,
可我无所畏惧。

无论命运之门多么狭窄，

无论我将肩承怎样的责罚。

我，是我命运的主宰，

我，是我灵魂的统帅。

此诗为维多利亚时期（19世纪）英国诗人威廉·亨利（1849—1903）的名篇。作者从小体弱多病，患有肺结核症，一只脚被截掉；为了保住另一只脚，他一生都奋力和病魔抗争，不向命运屈服。此诗是诗人在病榻上所作。

在描述曼德拉的电影《成事在人》中，曼德拉将这首诗送给南非橄榄球队队长弗朗克斯·皮尔纳。这首诗支撑曼德拉度过牢房岁月，被囚禁在罗本岛上18年，对于一个人，是怎样的一段漫长时光，从中年到晚年、黑发变白发。最终，这首诗也激励着皮尔纳带领南非橄榄球队获得了1995年橄榄球世界杯的冠军。

附录2　曼德拉大事年表

1918年7月18日　曼德拉诞生在特兰斯凯首府乌姆塔塔附近的姆卫佐村。同年，约翰内斯堡的清洁工举行了南非第一次独立的非洲工人罢工。

1925年　南非本地人国民大会（1912年成立）正式改名为"非洲人国民大会"。

1927年　曼德拉9岁时，父亲得了重病。父亲逝世后，母亲将曼德拉托给坦布人摄政王容欣塔巴照管。

1934年　容欣塔巴决定让曼德拉参与成年割礼仪式。不久后，曼德拉到克拉克伯里寄宿学校读书。随后，曼德拉到希尔特敦学校学习，准备考大学。

1938年年初　曼德拉进入福特黑尔大学学习，同时与奥立弗·坦博和马坦齐马等人熟识。

1940年　曼德拉因参与学生罢课被校方暂令退学，回到家乡后，又因不满容欣塔巴为他操办的婚事而出走。

1941年　曼德拉来到约翰内斯堡，先是在矿山公司当保安，后搬到亚历山大，并结识了沃尔特·西苏鲁。

1942年　曼德拉通过函授课程，获得福特黑尔大学的文学士学位。随后，开始半工半读，在威特沃特斯兰德大学攻读法律。

1943年　亚历山大黑人居住区的非洲人为抗议车票涨价，举行了为期

9天的抵制公共汽车运动。

1944年　曼德拉结识了当护士的伊芙琳·玛斯，不久即结婚。

同年参加"非洲人国民大会"，并参与组建主张改革的"非洲人国民大会青年联盟"。

1946年8月　德兰士瓦金矿工人罢工，要求增加工资，遭史末资政府武装镇压。

1948年　曼德拉当选为"青年联盟"全国书记。同年，国民党竞选获胜，马伦政府上台，开始全面推行种族隔离制度。

1949年12月　"青年联盟"推举詹姆斯·莫罗卡为"非洲人国民大会"主席候选人，后者击败埃克苏玛当选为主席，沃尔特·西苏鲁当选为秘书长，曼德拉与坦博入选"非国大"全国执委会并通过《行动纲领》。

1950年　马伦政府通过《人口登记法》和《集团居住法》，使种族隔离制进一步系统化。

1950年5月1日　"非洲人国民大会""印度人大会"、南非共产党组织罢工集会，遭马伦政府镇压，18名非洲人被杀，30多人受伤。

1950年6月20日　面对即将于7月生效的《镇压共产主义条例》的威胁，南非共产党宣布自行解散。

1950年6月26日　由"非洲人国民大会"和"印度人大会"联合组织的全国性大罢工。曼德拉担负着两个组织间的协调工作。

1950年年底　曼德拉当选为"青年联盟"全国主席。

1951年　马伦政府颁布《班图权利法》。

1951年12月　曼德拉和西苏鲁将《行动纲领》的具体计划提交"非国大"年度大会，建议在1952年4月6日南非白人庆祝统治300周年时举行群众抗议活动。

1952年4月6日　在两次致函马伦总理均未得到合理答复后，"非国大"决定在全国举行抵制不公正法律的群众大会，"蔑视不公正法令运动"进入热身阶段。曼德拉当选为"蔑视不公正法令运动"全国志愿者总指挥。

附录 2
曼德拉大事年表

1952 年 6 月 26 日 1950 年全国大罢工纪念日，"蔑视不公正法令运动"正式开始。当晚深夜，曼德拉散会后因宵禁时间在外行走遭逮捕。这是他第一次进监狱，但很快被释放。

1952 年 7 月 30 日 警察在全国范围内袭击了"非洲人国民大会"和印度人大会的 16 处工作点。两个星期后，逮捕了"蔑视不公正法令运动"的 20 位领导人，其中包括曼德拉等人。他们后来被判 9 个月监禁，缓期 2 年执行。

1952 年 10 月 曼德拉当选为"非洲人国民大会"德兰士瓦省主席。

1952 年 12 月 "非洲人国民大会"全体会议选举艾伯特·卢图利为主席，选举曼德拉为副主席。曼德拉在取得律师合格证书后，与奥立弗·坦博合办了律师事务所。

1953 年 马伦政府颁布《班图教育法》，曼德拉提出建立社区学校以进行抵制。同年，温妮来到约翰内斯堡学习社会工作。

1954 年 德兰士瓦法令协会请求最高法院取消曼德拉的律师资格，理由是他在"蔑视不公正法令运动"中所起的领导作用。此请求被最高法院驳回。在"M 计划"获得通过后，曼德拉着手落实组织机构的改革工作，并全力准备召开南非人民代表大会。

1955 年 6 月 25～26 日 南非人民代表大会召开，会议通过了闻名的《自由宪章》。

1955 年 9 月 27 日 警察在全国范围内进行大规模搜捕活动，至少有 500 人在办公室或家里遭到搜身。

1955 年底 对曼德拉的管制禁令到期；此时，警察又对他宣布了为期 5 年的禁令。同年，与伊芙琳的婚姻关系破裂，三个小孩与母亲生活。

1955 年 12 月 温妮从社会工作系毕业，分配到巴拉格瓦纳斯医院工作。

1956 年 12 月 5 日 凌晨，1000 多名警察同时出动，在全国范围内对黑人解放运动积极分子进行搜捕，曼德拉与其他"非国大"领导人被捕。被捕的 156 人被控犯有"叛国罪"。

1956年12月19日　"叛国罪"案预审开始。

1956年年底　曼德拉与温妮相识。

1957年3月10日　曼德拉正式向温妮求婚。

1957年12月　大法官停止对叛国罪案中的61名被告的起诉，其中包括卢图利酋长、奥立弗·坦博等。

1958年6月14日　处于管制禁令之下的曼德拉争取到4天婚期，他们一起来到温妮的家乡比比萨那举行婚礼。

1958年8月　叛国罪案的主要审判开始。

1958年底　温妮因参加反通行证法游行而遭逮捕，当时她已有身孕，出狱后不久生下泽妮。

1959年1月19日　法庭宣布64名被告的指控被撤销。这样，156名被告仅剩下31人受审，曼德拉仍在其中。

1959年4月6日　"非国大"中的非洲主义者派和自由宪章派正式分裂。非洲主义者派在其领袖罗伯特·索布克韦领导下正式宣布成立阿扎尼亚泛非主义者大会。

1960年3月21日　反通行证法运动游行开始。沙佩维尔惨案发生，警察向示威群众开枪，打死69人，打伤180人。随后，警察在兰加地区又杀害了6名示威者。

1960年3月30日　政府宣布实行紧急状态法。

1960年4月8日　南非议会根据《镇压共产主义条例》宣布"非洲人国民大会"和泛非主义者大会两个组织为非法。

1960年8月底　政府取消了紧急状态，释放了被捕者。

1960年12月　曼德拉与温妮的第二个女儿出世，取名津芥。

1961年3月29日　法庭对叛国罪案实行最后宣判：所有被告被宣布无罪。随后不久，曼德拉开始转入地下活动。

1961年5月29日　曼德拉号召全国举行为期3天的罢工，但因为组织不理想，曼德拉于第二天即宣布停止罢工。

1961 年 6 月 26 日　"蔑视不公正法令运动" 9 周年纪念日。转入地下的曼德拉向南非人民发表长篇声明。

1961 年 11 月　曼德拉创立 "民族之矛"。

1961 年 12 月 16 日　"民族之矛" 发起第一次军事行动。

1962 年 1 月 11 日　曼德拉秘密出访非洲国家。

1962 年 7 月 20 日　曼德拉在出席了 "东非、中非和南非泛非主义者大会"、访问了非洲 15 国以及伦敦后潜回南非。

1962 年 8 月 5 日　曼德拉于从德班返回约翰内斯堡途中被捕。

1962 年 8 月 8 日　曼德拉第一次出庭。

1962 年 10 月 22 日　对曼德拉的审判正式开始。

1962 年 10 月 25 日　曼德拉被判煽动罢工罪和无护照出国罪。

1962 年 11 月 7 日　曼德拉被判处 5 年监禁和苦役。

1963 年 7 月 11 日　"非国大""民族之矛"司令部被查获，随后一些"非国大"的主要领导人被捕，其中包括西苏鲁等人。

1963 年 10 月 9 日　震惊世界的利沃尼亚审判开庭。由于起诉书不准确，法官不得不撤销起诉。

1963 年 12 月 3 日　利沃尼亚审判重新开庭。

1964 年 4 月 20 日　法庭辩论开始，曼德拉利用提供供词的机会宣读了著名的法庭宣言。

1964 年 6 月 11 日　法庭裁决：曼德拉犯有指控中指出的四条罪行。9 名被告中，8 名被判有罪。

1964 年 6 月 12 日　法官宣判：曼德拉等 8 名被告判处终身监禁。

1965 年　温妮受到 5 年管制禁令的约束。

1967 年 6 月 21 日　"恐怖主义法" 正式生效。

1969 年 5 月 21 日　温妮被捕。

1970 年 2 月 16 日　温妮与其他被告全部获释。

1976 年 6 月 16 日　索维托学生举行示威游行，遭到警察的野蛮镇压，导致"索维托惨案"发生。

1976年8月　温妮又一次被捕，后不久在判决中胜诉，获释。曼德拉代表罗本岛的政治犯起草了一份声明，支持学生的抗议运动，谴责南非当局的镇压暴行。

1976年10月26日　特兰斯凯黑人家园宣布"独立"。

1977年5月16日　温妮又一次被捕，次日被流放到奥兰治自由邦布兰德福特镇。

1979年　津荠离开了母亲温妮去读书。

1980年　"非国大"宣布此年为"行动年"。"释放曼德拉"的群众运动从南非国内传到国外。

1981年3月　曼德拉被提名为伦敦大学名誉校长候选人，得票数高达7199张。

1982年4月1日　曼德拉与西苏鲁等人从罗本岛监狱被秘密转移到开普敦的波尔斯摩尔监狱。

1983年　博塔正式提出"三院制议会"方案。

1983年8月　南非联合民主阵线成立。

1984年5月12日　监狱当局通知曼德拉夫人温妮，她可以开始"接触性探视"。

1984年9月　瓦尔三角区的黑人城镇发生暴乱，此后蔓延到全国。

1985年初　南非当局允许英国保守党人贝塞尔勋爵和美国乔治敦大学法律系教授戴希访问曼德拉。

1985年6月　"非国大"在赞比亚举行协商会议，专门讨论政策问题。

1985年7月13日　南非政府决定实施《紧急状态法》。

1986年起　以南非政府司法部长科特西为首的四名部长开始与狱中的曼德拉举行"严肃的对话"。

1986年9月16日　欧洲共同体宣布对南非实行经济制裁。

1986年10月2日　美国参议院投票赞成对南非实行经济制裁。

1987年11月5日　戈万·姆贝基——利沃尼亚叛国案中最年长者被释放。获释前，他在波尔斯摩尔监狱会见了曼德拉。

1988年2月24日　南非政府禁止联合民主阵线和17个其他黑人反对派组织参与政治活动。

1988年8月　曼德拉因肺病住院治疗。四个月后，他被转移到维克多·维尔斯特监狱。

1988年12月28日　温妮领导的"曼德拉联合足球俱乐部"将四名黑人青年绑架到温妮的住宅。

1989年1月27日　索维托社区领袖要求温妮解散她的足球俱乐部，遭温妮拒绝。

1989年2月2日　博塔因病辞去国民党领袖职务，德克勒克当选为新主席。

1989年7月5日　南非总统邀请曼德拉到官邸"用茶"。狱中的曼德拉接受邀请，并交给博塔一份声明。

1989年8月14日　博塔辞去总统职务，由德克勒克继任。

1989年8月21日　《哈拉雷宣言》通过，提出南非谈判七方针。

1989年9月20日　国民党大选获胜，德克勒克正式宣誓就职，任南非总统。

1989年10月11日　德克勒克总统会见一批黑人宗教领袖，其中包括德斯蒙德·图图大主教。

1989年10月15日　包括西苏鲁在内的8名黑人领袖被南非政府无条件释放。

1989年11月23日　曼德拉在狱中与戈万·姆贝基长谈3小时，讨论西苏鲁等人访问卢萨卡"非国大"总部一事。

1989年12月13日　德克勒克在总统住宅会见曼德拉。

1990年1月25日　开普敦左派周报《南方》全文发表了曼德拉在会见博塔时递交的5000字声明。

1990年2月2日　德克勒克在议会宣布重大改革措施，包括取消对"非国大"、泛非大和南非共的禁令等。

1990年2月11日　南非当局无条件释放曼德拉。当晚，曼德拉在开普敦市政厅广场发表演说。2月12日，他在开普敦举行了他出狱后的第一次记者招待会。2月13日，他回到索维托家中。

1990年2月25日　曼德拉来到黑人暴力冲突最厉害的德班，呼吁加强团结，实现和平。

1990年2月27日　曼德拉率"非国大"国内代表团到赞比亚卢萨卡的"非国大"总部参加"非国大"全国执委会议。

1990年3月2日　曼德拉当选为"非国大"副主席。

1990年5月2～4日　曼德拉为首的"非国大代表团和以德克勒克为首的政府代表团举行首次会谈。

1990年5月　曼德拉访问非洲六国。

1990年6月4日　曼德拉出访非洲、欧洲和美洲14国。

1990年7月25日　南非警方制造"红色阴谋"事件，逮捕了40多名"非国大"成员和南非共产党员。

1990年7月26日　曼德拉与德克勒克举行紧急会晤。

1990年8月6日　"非国大"与政府的第二次会谈如期举行。

1990年年底　"非国大"与政府谈判又一次陷入僵局。曼德拉与德克勒克先后两次会晤，使气氛缓和。

1991年6月30日　种族隔离制正式宣告结束。

1991年7月2～7日　曼德拉当选为"非国大"主席。

1991年12月20～21日　关于制定新宪法的谈判举行。

1992年3月17日　白人公民投票结果表明，大部分人对德克勒克总统的改革持赞成态度。曼德拉随后向德克勒克表示祝贺。

1992年6月17～18日　在约翰内斯堡附近的博伊帕通市瓦尔镇发生大屠杀。

1992年11月26日　德克勒克提出最迟于1994年4月底以前举行多种族选举的时间表。

1993年4月1日　在中断9个多月以后，制宪谈判恢复。

1993年7月2日　谈判会议确定1994年4月27日为选举日期。

1993年9月8日　曼德拉呼吁取消对南非的所有经济制裁。

1993年10月15日　曼德拉与德克勒克共同获得诺贝尔和平奖。

1993年11月2日　多党谈判委员会正式同意在选举后分享权力。

1993年11月14日　曼德拉表示，"非国大"承诺明年组成的民族团结政府将包括现任白人总统德克勒克。

1993年11月16日　曼德拉与德克勒克就制宪谈判关键问题再次举行会谈，并取得进展。

1993年11月24日　"非国大"发表声明，对美国宣布取消对南非的全部制裁表示欢迎。

1993年12月7日　过渡行政委员会正式成立，从而使黑人有史以来第一次在国家事务上有发言权。

1993年12月10日　曼德拉与德克勒克在奥斯陆接受诺贝尔和平奖。

1993年12月11日　曼德拉与德克勒克抵瑞典进行访问。

1993年12月20日　"非国大"与阿非利卡民族阵线达成一项临时性协议。

1993年12月22日　南非白人议会通过了南非历史上第一部非种族主义的临时宪法。该临时宪法将指导南非的民主进程，直至建立一个真正的民主国家。

1994年2月　曼德拉作出重大让步，表示"非国大"同意起草有关考虑建立一个白人家园的宪法草案。

1994年3月13日　博普塔茨瓦纳黑人家园"总统"卢卡斯·曼霍佩压制人民的民主运动，引起动乱。在曼德拉的提议下，南非过渡当局解除其职务。

1994年4月8日　德克勒克总统、"非国大"主席曼德拉、因卡塔领袖布特莱齐和祖鲁国王祖韦利蒂尼举行四方首脑会谈，谈判解决威胁选举的暴力行为。随后，"非国大"发表声明，承认祖韦利蒂尼是夸祖鲁和纳塔尔省的合法君主。

1994年4月19日　布特莱齐正式宣布参加南非首次大选。

1994年4月26～28日　南非第一次多种族大选举行，"非国大"取得决定性胜利。

1994年5月9日　多种族议会正式开幕，曼德拉当选为新政府总统。

1994年5月10日　曼德拉宣誓就职总统。翌日，南非新内阁宣誓就职。

1994年6月1日　曼德拉总统为首的新政府决定对孕妇和6岁以下儿童实行免费保健医疗。

1994年6月　曼德拉在突尼斯出席非统组织国家首脑会议，受到热烈欢迎。

1994年7月1日　新政府将白人、有色人、亚洲人和黑人的教育部合并为统一的管理机构。

1994年9月1日　新政府宣布为上学的儿童免费提供午餐。

1994年11月17日　曼德拉总统签署《土地法》，开始对旧的土地法律进行清理和纠正。

1994年12月8日　曼德拉总统在约翰内斯堡发表讲话，承认新政府有局限、有弱点。

1994年12月17日　曼德拉的自传《通向自由的长征》正式出版发行。

1994年12月19日　曼德拉在"非洲人国民大会"第49届代表大会再次被选为主席，塔博·姆贝基被选为副主席，西里尔·拉马福萨被选为总书记。

参考书目

1.《漫漫自由路》

纳尔逊·曼德拉著,谭振学译,山东大学出版社,2005年。

2.《与自己对话》

纳尔逊·曼德拉著,王旭译,中信出版社,2011年。

3.《南非史》

郑家馨著,北京大学出版社,2010年。

4.《不可征服——纳尔逊·曼德拉治国传奇》

约翰·卡林著,贾文渊、贾令仪译,法律出版社,2010年。

5.《图图传》

约翰·艾伦著,张继矿、张晓佳译,江西人民出版社,2009年。

6.《南非斗士曼德拉》

李安山著,学苑出版社,1996年。

7.《南非之父——纳尔逊·曼德拉传》

彼得·利姆著,蒋伟民、刘小林译,华夏出版社,2012年。

8.《南非:非洲大陆的领头羊》

潘兴明著,上海人民出版社,2012年。

9.《土地问题和南非政治经济》

孙红旗著,中央翻译出版社,2011年。

10.《列国志·南非》

杨立华著,社会科学文献出版社,2010年。

11.《纳尔逊·曼德拉语录》

詹妮弗·威廉姆斯编,美国纽约企鹅出版社,1997年。

12.《南非的启示:曼德拉传·从南非看中国·新南非十九年》

秦晖著,凤凰出版传媒集团·江苏文艺出版社,2013年。

13.《曼德拉看世界:南非1990—1999年政治革命之国际意义》

詹姆斯·巴博著,俄亥俄大学出版社,2004年。

14.《黑人领袖:曼德拉传》

玛丽·本森著,时代文艺出版社,2003年。

15.《天壤之别》

玛丽·本森著,纽约企鹅出版社,1989年。

16.《纳尔逊·曼德拉》

玛丽·本森著,纽约诺顿出版社,1986年。

17.《南非:为与生俱来的权力而斗争》

玛丽·本森著,伦敦国际防务和援助基金出版社。

18.《罗本岛和囚犯反抗种族隔离制度》

佛朗丽莎·邦特曼著,剑桥大学出版社,2003年。

19.《奥立弗·坦博:超越英格利山脉》

鲁利·卡林尼科斯著,开普敦菲利普出版社,2004年。

20.《成就曼德拉的世界:传统考验》

鲁利·卡林尼科斯著,约翰内斯堡STE出版社,2000年。

21.《去而复返:罗本岛1964—1979年》

艾迪·丹尼尔斯著,开普敦玛依布耶图书,1998年。

22.《我与种族隔离斗争》

迈克尔·丁加克著，伦敦柯丽普城图书，1987年。

23.《温妮·曼德拉女士的人生和时代》

艾玛·吉尔贝著，伦敦海角出版社，1993年。

24.《纽约时报》

"曼德拉宣布胜利：南非'终于自由'了"一文，比尔·凯勒著，1994年5月3日。

25.《历史》

"早期非洲人国民大会领袖和英国世界：模糊和身份"一文，彼得·利姆著，2002年第47期第1号，第56～82页。

26.《步调》

"曼德拉：他能否拯救青年？"一文，伊利亚斯·马洛勒克著，1990年3月，第6～16页。

27.《历史》

"非洲人国民大会：夺得权力、解放后阶段和当前危机"一文，雷蒙德·苏特纳著，2007年第52期第1号，第1～46页。

（声明：本书为更加生动形象地描述曼德拉，参考使用了一些图片资料。限于客观条件，笔者无法与图片作者一一取得联系，在此深表歉意，并请相关图片作者与笔者联系，以便支付相应报酬。联系邮箱：wjh868@sina.com。）

后 记

为了更好地展现曼德拉这位"世纪伟人"光辉的一生，我们参阅了国内外出版社有关曼德拉的传记，尽可能地向读者全面详尽地介绍曼德拉，并把"南非之父"曼德拉毕生为南非黑人的自由平等、反对种族主义、实现民族团结和民族和解的事迹真实而客观地展现给读者。

本书最大的特色在于，阅读对象定位准确，内容结构精心设计、充实完整，在叙述事件的同时夹杂着对曼德拉内心世界和政治思想的剖析。这样不但能让人了解南非过去黑暗的历史，而且透过曼德拉跌宕起伏的人生和充满艰辛和激情的反种族主义历程，让读者认识这位性格坚毅、态度温和的民族领袖，给人以心灵的震撼和人生的启迪。

在本书的编写过程中，难免遇到一些疑惑和问题，特别是有关非洲的人名、地名，不同的关于曼德拉的著作里的翻译都不完全一致，我们也查阅了相关权威书籍，尽可能处理得准确无误。其中难免会有错漏之处，敬请广大读者不吝指正。

愿将本书献给广大的读者朋友，让他们在重温曼德拉这位"民主斗士"卓越而光辉的一生的同时，铭记那些为自由、民主和平等而不懈奋斗的伟人们。

著者

领袖政要系列图书

01 超级畅销书《普京传：他为俄罗斯而生》

上市一年即不断加印数十次，销量迅速突破 200 000 册！

铁血，铁腕！
民主？强权？
一个鹰一样的男人，
一个个性鲜明的硬汉，
一个真实的普京！

最真实、最客观、最详尽的普京传记，迄今为止唯一接受央视独家访谈的普京传记，首次披露许多鲜为人知的珍贵史料。

他为俄罗斯而生，他是俄罗斯复兴的灵魂，他是一个个性鲜明的硬汉！**他担任总统八年，使俄罗斯经济翻了八倍！**他绝对可以被称为新俄罗斯的缔造者和舵手。当他以64.4%的高得票率第三次当选俄罗斯总统之时，竟然也饱含热泪。

其实，普京对于很多人仍然是一个谜。本书作者研究普京多年，他力求将一个鲜活、清晰、有血有肉的普京呈现给每位读者。书中资料丰富，史实准确客观，**披露了一些鲜为人知的真相，**可以说是普京传记里最全、最好的读本之一。

北京鸿蒙诚品文化发展有限公司 出品　「鸿蒙诚品　必属精品」

领袖政要系列图书

02 《奥巴马传：无畏的新征程》

上市即不断加印，销量迅速突破 50 000 册！

一个斗士？一个绅士？一个最富理想气质与传奇色彩的总统！一个真实的奥巴马！

一流的头脑，高度的热情，出色的辩才，鲜明的个性；一部感动亿万美国人的励志经典；一个现实版的美国梦！

本书是超级畅销书《普京传：他为俄罗斯而生》的作者郑文阳先生与新锐政评家王睿昕合力打造的又一力作。

2012 年 11 月 7 日，奥巴马击败罗姆尼，成为美国历史上第一位获得连任的黑人总统。无疑，他是当今世界政坛的耀眼明星，更成为所有奋斗者学习的不朽传奇。作为一本全新的奥巴马传记，本书不仅详细介绍了奥巴马艰难的奋斗历程与从政之路，还揭露了许多鲜为人知的选举内幕和政治真相，以及全球重大政治经济事件背后的种种玄机……

毋庸置疑，属于奥巴马的时代已然来临！他将如何引领美国，他将如何影响世界，相信每个读者都能在本书中找到答案！

北京鸿蒙诚品文化发展有限公司 出品 「鸿蒙诚品 必属精品」

领袖政要系列图书

03 《朴槿惠传：在绝望中寻找希望》

全面、详实、客观的朴槿惠传记

柔弱，透着刚强！
内敛，却又锋芒！
政治是她的宿命，
传奇是她的人生，
一个木槿花般的女子，
一个真实的朴槿惠。

在绝望中坚强，在希望中前行！读懂朴槿慧就读懂了韩国。

持续畅销

从青瓦台第一千金到无依无靠的平民孤儿，从落难公主到韩国第一位女总统，她的人生不仅是一部跌宕起伏的奋斗逆袭史，更是一部韩国近代史，清晰地记录着韩国的过去、现在和未来。本书是超级畅销书《普京传：他为俄罗斯而生》作者郑文阳携手独立政评人郝火炬博士联袂推出的最新力作，是目前国内朴槿惠传记作品中全面、详实、客观的传记作品。

北京鸿蒙诚品文化发展有限公司 出品　「鸿蒙诚品　必属精品」